Ideias e ilustrações

Francisco Cândido Xavier
Espíritos diversos

Ideias e ilustrações

FEB

Copyright © 1969 *by*
FEDERAÇÃO ESPÍRITA BRASILEIRA FEB

7ª edição 4ª impressão 2 mil exemplares 1/2016

ISBN 978-85-7328-579-6

Todos os direitos reservados. Nenhuma parte desta publicação pode ser reproduzida, armazenada ou transmitida, total ou parcialmente, por quaisquer métodos ou processos, sem autorização do detentor do *copyright*.

FEDERAÇÃO ESPÍRITA BRASILEIRA FEB
Av. L2 Norte Q. 603 Conjunto F (SGAN)
70830-106 Brasília (DF) Brasil
www.febeditora.com.br
editorial@febnet.org.br
+55 61 2101 6198

Pedidos de livros à FEB
Gerência comercial
Tel.: (61) 2101 6168/6177 comercialfeb@febnet.org.br

Texto revisado conforme o Novo Acordo Ortográfico.

Dados Internacionais de Catalogação na Publicação (CIP)
(Federação Espírita Brasileira - Biblioteca de Obras Raras)

X3i   Xavier, Francisco Cândido, 1910-2002

         Ideias e ilustrações / Espíritos diversos; [psicografado por] Francisco Cândido Xavier. 7 ed. 4. impressão Brasília: FEB, 2015.

         161 p.; 23 cm

         ISBN: 978-85-7328-579-6

         1. Espiritismo. 2. Obras psicografadas. I. Federação Espírita Brasileira. II. Título.

                                                 CDD 133.93
                                                 CDU 133.7
                                                 CDE 80.01.00

Sumário

Lembrança, Emmanuel 13

1 Da compreensão 15
   Servir mais, de Irmão X
   Martins Coelho
   Marcelo Gama
   André Luiz

2 Do burilamento 19
   O serviço da perfeição, de Meimei
   Toninho Bittencourt
   Ormando Candelária
   André Luiz

3 Do serviço 23
   O valor do serviço, de Neio Lúcio
   Jovino Guedes
   Benedito Candelária Irmão
   André Luiz

4 Da caridade 27
   A caridade maior, de Irmão X
   Américo Falcão
   Alberto Souza
   Bezerra de Menezes

5 Do amor 31
   A arma infalível, de Neio Lúcio
   Sabino Batista
   Ormando Candelária
   João de Brito

6 Da fé 35
   A salvação inesperada, de Meimei
   Artur Candal
   Alberto Souza
   João Bosco

7 Do socorro divino 39
   A resposta celeste, de Neio Lúcio
   Antônio Sales
   Soares Bulcão
   Meimei

8 Da abnegação 43
   O exemplo da fonte, de Meimei
   Antônio Sales
   Sabino Batista
   André Luiz

9 Do perdão 45
   A última tentação, de Irmão X
   Antônio de Castro
   Lobo da Costa
   Albino Teixeira

10 Do trabalho 49
   O devoto desiludido, de Irmão X
   Chiquito de Morais
   Roberto Correia
   André Luiz

11 Da gentileza 53
   O poder da gentileza, de Neio Lúcio
   Casimiro Cunha
   Marcelo Gama
   André Luiz

12 Da esperança... 57
Por cinco dias, de Hilário Silva
Oscar Batista
Lauro Pinheiro
André Luiz

13 Da humildade... 61
O burro de carga, de Neio Lúcio
Regueira Costa
Sabino Batista
André Luiz

14 Da paciência... 65
O conferencista atribulado, de Irmão X
Casimiro Cunha
Milton da Cruz
André Luiz

15 Da renúncia.. 69
A única dádiva, de Irmão X
Eugênio Rubião
Álvaro Novaes
André Luiz

16 Do aperfeiçoamento... 73
Fábula simples, de Irmão X
Toninho Bittencourt
Casimiro Cunha
André Luiz

17 Da influência do bem... 77
O poder do bem, de Irmão X
Benedito Candelária Irmão
Leonel Coelho
Mariano José Pereira da Fonseca

18 Do auxílio espontâneo 81
    Algo mais, de Meimei
    Meimei
    Benedito Candelária Irmão
    José Albano
    André Luiz

19 Do valor da vida 85
    A conta da vida, de Neio Lúcio
    Jovino Guedes
    Casimiro Cunha
    André Luiz

20 Da justiça 89
    Verdugo e vítima, de Irmão X
    Souza Lobo
    Fócion Caldas
    André Luiz

21 Da tolerância 93
    Mesmo ferido, de Hilário Silva
    Lobo da Costa
    Augusto de Oliveira
    André Luiz

22 Da conversação 95
    A caridade desconhecida, de Neio Lúcio
    Marcelo Gama
    Silveira Carvalho
    André Luiz

23 Da reclamação 99
    A petição de Jesus, de Irmão X
    Antônio Azevedo
    Silveira Carvalho
    Mariano José Pereira da Fonseca

24 Do pessimismo 103
   O santo desiludido, de Neio Lúcio
   Oscar Batista
   Antônio de Castro
   Meimei

25 Do medo 107
   O golpe de vento, de Hilário Silva
   Teotônio Freire
   Casimiro Cunha
   Mariano José Pereira da Fonseca

26 Da cólera 111
   O grito de cólera, de Neio Lúcio
   Ulisses Bezerra
   Milton da Cruz
   André Luiz

27 Da intempestividade 115
   Quinze minutos, de Hilário Silva
   Lobo da Costa
   Artur Candal
   André Luiz

28 Da enfermidade 119
   Doentes e doenças, de Irmão X
   Colombina
   Sabino Batista
   Bezerra de Menezes

29 Do desânimo 123
   O poder das trevas, de Neio Lúcio
   Casimiro Cunha
   Leôncio Correia
   André Luiz

30 Da crítica 127
   Num domingo de calor, de Hilário Silva
   Casimiro Cunha
   Gastão de Castro
   José Horta

31 Da maledicência 129
   A meada, de Irmão X
   Lulu Parola
   Augusto de Oliveira
   André Luiz

32 Da ociosidade 133
   Lenda simbólica, de Irmão X
   Ormando Candelária
   Casimiro Cunha
   Mariano José Pereira da Fonseca

33 Da intolerância 137
   O ferreiro intransigente, de Neio Lúcio
   Casimiro Cunha
   Artur Candal
   André Luiz

34 Do dinheiro 141
   Telefonema inesperado, de Irmão X
   Américo Falcão
   Marcelo Gama
   Meimei

35 Do culto cristão no lar 145
   Jesus mandou alguém..., de Hilário Silva
   Auta de Souza
   Antônio de Castro
   Irmão X

36 Do dever 149
   A alegria no dever, de Meimei
   Benedito Candelária Irmão
   Souza Lobo
   André Luiz

37 Da existência de Deus 151
   Existência de Deus, de Meimei
   Soares Bulcão
   Jovino Guedes
   Mariano José Pereira da Fonseca

38 Da morte 153
   O temor da morte, de Hilário Silva
   Jovino Guedes
   Roberto Correia
   Mariano José Pereira da Fonseca

39 Da reencarnação 155
   No reino das borboletas, de Irmão X
   Álvaro Martins
   Chiquito de Morais
   André Luiz

40 Da renovação 159
   O anjo, o santo e o pecador, de Irmão X
   Augusto de Oliveira
   Ricardo Júnior
   Mariano José Pereira da Fonseca

36. Do dever 149
   O dever e as deveres, de Meimei
   Bondade, a disciplina íntima
   Souza Lobo
   André Luiz

37. Da existência de Deus 151
   Existência de Deus, de Meimei
   Hanns Kolbe
   Bruno Cláudio
   Mariana José Pereira da Fonseca

38. Da morte 153
   Dimensões da vida, de Bittencourt Sampaio
   Bruno Cláudio
   Roberto Correia
   Mariana José Pereira da Fonseca

39. Da reencarnação 155
   No reino das borboletas, de Irmão X
   Álvaro Martins
   Chiquito de Morais
   André Luiz

40. Da renovação 159
   O anjo, o santo e o poeta, de Irmão X
   Augusto de Oliveira
   Ricardo Júnior
   Mariana José Pereira da Fonseca

Lembrança

A todos vós, caros leitores, que solicitastes dos amigos domiciliados, além da Terra, páginas de motivação e de esperança; que buscais, junto deles, pensamentos e palavras para vossas conversações; que esperais deles sugestões e apoio verbal para vossos entendimentos nos cursos domésticos de evangelização; e que requisitais desses mesmos companheiros desencarnados, com tanto carinho e confiança, mensagens e avisos de consolação e de amor, oferecemos, em nome deles, com respeitoso agradecimento, este despretensioso volume de trechos antológicos, em forma de ideias e ilustrações.

EMMANUEL
Uberaba (MG), 1º de janeiro de 1970.

1 Da compreensão
Servir mais

    Efraim ben Assef, caudilho de Israel contra o poderio romano, viera a Jerusalém para levantar as forças da resistência, e, informado de que Jesus, o profeta, fora recebido festivamente na cidade, resolveu procurá-lo na casa de Obede, o guardador de cabras, a fim de ouvi-lo.
    — Mestre — falou o guerreiro —, não te procuro como quem desconhece a Justiça de Deus, que corrige os erros do mundo, todos os dias... Tenho necessidade de instrução para a minha conduta pessoal no auxílio do povo. Como agir quando o orgulho dos outros se agiganta e nos entrava o caminho?... Quando a vaidade ostenta o poder e multiplica as lágrimas de quem chora?
    — É preciso ser mais humilde e servir mais — respondeu o Senhor, fixando nele o olhar translúcido.

— Mas... e quando a maldade se ergue, espreitando-nos à porta? Que fazer, quando os ímpios nos caluniam à feição de verdugos?
E Jesus:
— É preciso mais amor e servir mais.
— Senhor, e a palavra feroz? Que medidas tomar para coibi-la? Como proceder quando a boca do ofensor cospe fogo de violência, qual nuvem de tempestade, arremessando raios de morte?
— É preciso mais brandura e servir mais.
— E diante dos golpes? Há criaturas que se esmeram na crueldade, ferindo-nos até o sangue... De que modo conduzir nosso passo, à frente dos que nos perseguem sem motivo e odeiam sem razão?
— É preciso mais paciência e servir mais.
— E a pilhagem, Senhor? Que diretrizes buscar perante aqueles que furtam, desapiedados e poderosos, assegurando a própria impunidade à custa do ouro que ajuntam sobre o pranto dos semelhantes?
— É preciso mais renúncia e servir mais.
— E os assassinos? Que comportamento adotar junto daqueles que incendeiam campos e lares, exterminando mulheres e crianças?
— É preciso mais perdão e servir mais.
Exasperado por não encontrar alicerces ao revide político que aspirava a empreender em mais larga escala, indagou Efraim:
— Mestre, que pretendes dizer por "servir mais"?
Jesus afagou uma das crianças que o procuravam e replicou, sem afetação:
— Convencidos de que a Justiça de Deus está regendo a vida, a nossa obrigação, no mundo íntimo, é viver retamente na prática do bem, com a certeza de que a Lei cuidará de todos. Não temos, desse modo, outro caminho mais alto senão servir ao bem dos semelhantes, sempre mais...
O chefe israelita, manifestando imenso desprezo, abandonou a pequena sala, sem despedir-se.
Decorridos dois dias, quando os esbirros do Sinédrio chegaram, em companhia de Judas, para deter o Messias, Efraim ben Assef estava à frente. E, sorrindo, ao algemar-lhe o pulso, qual se prendesse temível salteador, perguntou sarcástico:

— Não reages, galileu?
Mas o Cristo pousou nele, de novo, o olhar tranquilo e disse apenas:
— É preciso compreender e servir mais.

Irmão X

*Quem busque a felicidade
Viva e lute pelo bem,
Abençoe tudo o que exista,
Não pense mal de ninguém.*

Martins Coelho

*Amor puro tem na face
A compreensão por dever,
Como a fonte quando nasce
E canta sem perceber.*

Marcelo Gama

Se você está governado efetivamente pelo ideal superior, esqueça o amigo que desertou, a mulher que fugiu, o companheiro ingrato e o irmão incompreensível. Todos eles estão aprendendo e passando, como acontece a você mesmo... O que importa é a intensificação da luz, o progresso da verdade e a vitória do bem.

André Luiz

2 Do burilamento
O *serviço da perfeição*

Um velho oleiro, muito dedicado ao trabalho, certa feita adoeceu gravemente e entrou a passar enormes dificuldades.

Os parentes, aos quais ele mais servira, moravam em regiões distantes e pareciam haver perdido a memória...

Sem ninguém que o auxiliasse, passou a viver da caridade pública, mas, quando esmolava, caiu na via pública e quebrou uma das pernas, sendo obrigado a recolher-se à cama por longo tempo.

Chorando, amargurado, fez uma prece e rogou a Deus alguma consolação para os seus males.

Então, dormiu e sonhou que um anjo lhe apareceu, trazendo a resposta pedida.

O mensageiro do Céu conduziu-o até o antigo forno em que trabalhava, e, mostrando-lhe alguns formosos vasos de sua produção, perguntou:

— Como é que você conseguiu realizar trabalhos assim tão perfeitos?

O oleiro, orgulhoso de sua obra, informou:

— Usando o fogo com muito cuidado e com muito carinho, no serviço da perfeição. Alguns vasos voltaram ao calor intenso duas ou três vezes.

— E sem fogo você realizaria a sua tarefa? — indagou, ainda, o emissário.

— Nunca! — respondeu o velho, certo do que afirmava.

— Assim também — esclareceu o anjo, bondoso —, o sofrimento e a luta são as chamas invisíveis que nosso Pai celestial criou para o embelezamento de nossas almas que, um dia, serão vasos sublimes e perfeitos para o serviço do Céu.

Nesse instante, o doente acordou, compreendeu a Vontade divina e rendeu graças a Deus.

MEIMEI

Quem sofre com paciência
Cria, aprende, vence, alcança...
Desespero é a dor do fraco
Que vive sem esperança.

TONINHO BITTENCOURT

*Suporta as mágoas do mundo,
Não te lastimes em vão!...
O céu refulge mais lindo
Nas horas da escuridão.*

ORMANDO CANDELÁRIA

Aprenda a obedecer no culto das próprias obrigações.
Se você não acredita na disciplina, observe um carro sem freio.

ANDRÉ LUIZ

3 Do serviço
O valor do serviço

Filipe, velho pescador de Cafarnaum, enlevado com as explanações de Jesus sobre um texto de Isaías, passou a comentar a diferença entre os justos e os injustos, de maneira a destacar o valor da santidade na Terra.

O Mestre ouviu calmamente, e, talvez para prevenir os excessos de opinião, narrou, com bondade:

— Certo fariseu, de vida irrepreensível, atingiu posição de imenso respeito público. Passava dias inteiros no Templo, entre orações e jejuns incessantes. Conhecia a Lei como ninguém. Desde Moisés aos últimos profetas, decorara os mais importantes textos da revelação. Se passava nas ruas, era tão grande a estima de que se fizera credor que as próprias crianças se curvavam, reverentes. Consagrara-se ao Santo dos santos e fazia vida perfeita entre os pecadores da época. Alimentava-se frugalmente, vestia túnica sem mancha e abstinha-se de falar com toda pessoa considerada impura.

"Acontece, todavia, que, havendo grande peste em cidade próxima de Jerusalém, um Anjo do Senhor desceu, prestimoso, a socorrer necessitados e doentes, em nome da divina Providência.

"Necessitava, porém, das mãos diligentes de um homem, através das quais pudesse trabalhar, apressado, em benefício de enfermos e sofredores.

"Lembrou-se de recorrer ao santo fariseu, conhecido na corte celeste por seus reiterados votos de perfeição espiritual, mas o devoto se achava tão profundamente mergulhado em suas contemplações de pureza que não lhe sobrava o mínimo espaço interior para entender qualquer pensamento de socorro às vítimas da epidemia.

"Como cooperar com o emissário divino, nesse setor, se ele evitava o menor contato com o mundo vulgar, classificado, em sua mente, como vale da imundície?

"O Anjo insistia no chamamento; contudo, a peste era exigente e não admitia delongas.

"O Mensageiro afastou-se e recorreu a outras pessoas amantes da Lei. Nenhuma, entretanto, se julgava habilitada a contribuir.

"Ninguém desejava arriscar-se.

"Instado pelas reclamações do serviço, o Enviado de Cima encontrou antigo criminoso que mantinha o propósito de regenerar-se. Através dos fios invisíveis do pensamento, convidou-o a segui-lo; e o velho ladrão, sinceramente transformado, não hesitou. Obedeceu ao doce constrangimento e votou-se sem demora, com a espontaneidade da cooperação robusta e legítima, ao ministério do socorro e da salvação.

"Enterrou cadáveres insepultos, improvisou remédios adequados à situação, semeou o bom ânimo, aliviou os aflitos, renovou a coragem dos enfermos, libertou inúmeras criancinhas ameaçadas pelo mal, criou serviços de consolação e esperança e, com isso, conquistou sólidas amizades no Céu, adiantando-se, de surpreendente maneira, no caminho do paraíso."

Os presentes registraram a pequena história, entre a admiração e o desapontamento e, porque ninguém interferisse, o Senhor comentou, em seguida a longo intervalo:

— A virtude é sempre grande e venerável, mas não há de cristalizar-se à maneira de joia rara sem proveito. Se o amor cobre a multidão dos pecados, o serviço santificante que nele se inspira pode dar aos pecadores convertidos ao bem a companhia dos anjos, antes que os justos ociosos possam desfrutar o celeste convívio.

E observando que os ouvintes se retraíam no grande silêncio, o Senhor encerrou o culto doméstico da Boa-Nova, a fim de que o repouso trouxesse aos companheiros multiplicadas bênçãos de paz e meditação, sob o firmamento pontilhado de luz.

NEIO LÚCIO

Sobriedade em tudo e sempre,
Mas nunca te esqueças disso:
Quem vive só de recato
Nunca termina serviço.

JOVINO GUEDES

Ação e verbo!... Entre os dois,
Nunca se iluda você.
Palavras o vento leva,
A fé nas obras se vê.

BENEDITO CANDELÁRIA IRMÃO

É muito provável que, por enquanto, seja plenamente dispensável a sua cooperação no paraíso. É indiscutível, porém, a realidade de que, no momento, o seu lugar de servir e aprender, ajudar e amar, é na Terra mesmo.

ANDRÉ LUIZ

4 Da caridade
A caridade maior

Ao homem que alcançara o Céu, pedindo orientação sobre as tarefas de benemerência social que pretendia estender na Terra, o Anjo da Caridade falou compassivo:

— Volta ao mundo e cumpre, de boa vontade, as obrigações que o destino te assinalou!...

"Para que te sintas de pé, cada dia, milhões de vidas microscópicas esforçam-se em tua carne, garantindo-te o bem-estar...

"Cada órgão e cada membro de teu corpo amparam-te, abnegadamente, para que te faças abençoado discípulo da civilização.

"Os olhos identificam as imagens que já podes perceber, livrando-te da desordem interior.

"Os ouvidos selecionam sons e vozes para que não vivas desorientado.

"A língua auxilia-te a expressar os pensamentos, enriquecendo-te de sabedoria.

"As mãos realizam-te os sonhos, engrandecendo-te o caminho na ciência e na arte, no progresso e na indústria.

"Os pés sustentam-te a máquina física para que te não arrojes à inércia.

"A boca mastiga os alimentos para que te não condenes à inação.

"Os pulmões asseguram-te o ar puro contra a asfixia.

"O estômago digere as peças com que nutrirás o próprio sangue.

"O fígado gera forças vitais que te entretêm a harmonia orgânica.

"O coração movimenta-se sem parar, escorando-te a existência.

"Vives da caridade de inúmeras vidas inferiores que te obedecem a mente.

"Torna, pois, ao lugar em que o Senhor te situou e satisfaze as tarefas imediatas que o mundo te reserva!...

"Caridade é servir sem descanso, ainda mesmo quando a enfermidade sem importância te convoque ao repouso;

é cooperar espontaneamente nas boas obras, sem aguardar o convite dos outros;

é não incomodar quem trabalha;

é aperfeiçoar-se alguém naquilo que faz para ser mais útil;

é suportar sem revolta a bílis do companheiro;

é auxiliar os parentes, sem reprovação;

é rejubilar-se com a prosperidade do próximo;

é resumir a conversação de duas horas em três ou quatro frases;

é não afligir quem nos acompanha;

e ensurdecer-se para a difamação;

é guardar o bom humor, cancelando a queixa de qualquer procedência;

é respeitar cada pessoa e cada coisa na posição que lhes é própria...".

E porque o homem ensaiasse inoportunas indagações, o Anjo concluiu:

— Volta ao corpo e age incessantemente no bem!... Não percas um minuto em descabidas inquirições. Conduze os problemas que te atormentam o espírito ao teu próprio trabalho e o teu próprio trabalho liquidá-los-á... A experiência aclara o caminho de quantos lhe adquirem o tesouro de luz. Recolhe as crianças desvalidas, ampara os doentes, consola os infelizes e socorre os necessitados. Não olvides, pois, que a execução de teus deveres para com o próximo será sempre a tua caridade maior.

IRMÃO X

Não faças sombra ou deserto
A interrogar o porvir.
A estrada responde certo
A quem procura servir.

AMÉRICO FALCÃO

Não digas que amas a Deus,
Sem serviço à Humanidade;
Deus traz as mãos invisíveis
Nos braços da caridade.

ALBERTO SOUZA

A caridade é a nossa abençoada tenda de luz, edificada em toda parte onde existe alguém que clama por auxílio e compreensão.

BEZERRA DE MENEZES

5 Do amor
A arma infalível

Certo dia, um homem revoltado criou um poderoso e longo pensamento de ódio, colocou-o numa carta rude e malcriada e mandou-a para o chefe da oficina de que fora despedido.

O pensamento foi vazado em forma de ameaças cruéis. E quando o diretor do serviço leu as frases ingratas que o expressavam, acolheu-o, desprevenidamente, no próprio coração, e tornou-se furioso sem saber por quê. Encontrou, quase de imediato, o subchefe da oficina e, a pretexto de enxergar uma pequena peça quebrada, desfechou sobre ele a bomba mental que trazia consigo.

Foi a vez do subchefe tornar-se neurastênico, sem dar o motivo. Abrigou a projeção maléfica no sentimento, permaneceu amuado várias horas e, no instante do almoço, em vez de alimentar-se, descarregou na esposa o perigoso dardo intangível. Tão só por ver um sapato imperfeitamente engraxado, proferiu dezenas de palavras feias; sentiu-se aliviado e a mulher passou a asilar no peito a odienta vibração, em forma de cólera inexplicável. Repentinamente transformada pelo raio que a ferira, e que até ali ninguém soubera remover, encaminhou-se para a empregada que se incumbia do serviço de calçados e desabafou. Com palavras indesejáveis, inoculou-lhe no coração o estilete invisível.

Agora, era uma pobre menina quem detinha o tóxico mental. Não podendo despejá-lo nos pratos e xícaras ao alcance de suas mãos, em vista do enorme débito em dinheiro que seria compelida a aceitar, acercou-se de velho cão, dorminhoco e paciente, e transferiu-lhe o veneno imponderável, num pontapé de largas proporções.

O animal ganiu e disparou, tocado pela energia mortífera, e, para livrar-se desta, mordeu a primeira pessoa que encontrou na via pública.

Era a senhora de um proprietário vizinho que, ferida na coxa, se enfureceu instantaneamente, possuída pela força maléfica. Em gritaria desesperada, foi conduzida a certa farmácia; entretanto, deu-se pressa em transferir ao enfermeiro que a socorria a vibração amaldiçoada. Crivou-o de xingamentos e esbofeteou-lhe o rosto.

O rapaz muito prestativo, de calmo que era, converteu-se em fera verdadeira. Revidou os golpes recebidos com observações ásperas, e saiu, alucinado, para a residência, onde a velha e devotada mãezinha o esperava para a refeição da tarde. Chegou e descarregou sobre ela toda a ira de que era portador.

— Estou farto! — bradou — a senhora é culpada dos aborrecimentos que me perseguem! Não suporto mais esta vida infeliz! Fuja da minha frente!...

Pronunciou nomes terríveis. Blasfemou. Gritou, colérico, qual louco.

A velhinha, porém, longe de agastar-se, tomou-lhe as mãos e disse-lhe com naturalidade e brandura:

— Venha cá, meu filho! Você está cansado e doente! Sei a extensão de seus sacrifícios por mim e reconheço que tem razão para lamentar-se.

No entanto, tenhamos bom ânimo! Lembremo-nos de Jesus!... Tudo passa na Terra. Não nos esqueçamos do amor que o Mestre nos legou...

Abraçou-o, comovida, e afagou-lhe os cabelos!

O filho demorou-se a contemplar-lhe os olhos serenos e reconheceu que havia no carinho materno tanto perdão e tanto entendimento que começou a chorar, pedindo-lhe desculpas.

Houve então entre os dois uma explosão de íntimas alegrias. Jantaram felizes e oraram em sinal de reconhecimento a Deus.

A projeção destrutiva do ódio morrera, afinal, ali, dentro do lar humilde, diante da força infalível e sublime do amor.

Neio Lúcio

O amor é assim como um sol
De grandeza indefinida,
Que não dorme, nem descansa
No espaço de nossa vida.

Sabino Batista

Palavras que amparam, sempre
Sem sombra, vinagre ou lama,
Nascem somente na fonte
Do coração de quem ama.

Ormando Candelária

O Amor, sublime impulso de Deus, é a energia que move os mundos. Tudo cria, tudo transforma, tudo eleva.
Palpita em todas as criaturas.
Alimenta todas as ações.

João de Brito

6 Da fé
A salvação inesperada

Num país europeu, certa tarde muito chuvosa, um maquinista, cheio de fé em Deus, começando a acionar a locomotiva com o trem repleto de passageiros para longa viagem, fixou o céu escuro e repetiu, com muito sentimento, a oração dominical.

O comboio percorreu léguas e léguas, dentro das trevas densas, quando, alta noite, ele viu, à luz do farol aceso, alguns sinais que lhe pareceram feitos pela sombra de dois braços angustiados a lhe pedirem atenção e socorro.

Emocionado, fez o trem parar, de repente, e, seguido de muitos viajantes, correu pelos trilhos de ferro, procurando verificar se estavam ameaçados de algum perigo.

Depois de alguns passos, foram surpreendidos por gigantesca inundação que, invadindo a terra com violência, destruíra a ponte que o comboio deveria atravessar.

O trem fora salvo, milagrosamente.

Tomados de infinita alegria, o maquinista e os viajores procuraram a pessoa que lhes fornecera o aviso salvador, mas ninguém aparecia. Intrigados, continuaram na busca, quando encontraram no chão um grande morcego agonizante. O enorme voador batera as asas, à frente do farol, em forma de dois braços agitados, e caíra sob as engrenagens. O maquinista retirou-o com cuidado e carinho, mostrou-o aos passageiros assombrados, e contou como orara, ardentemente, invocando a proteção de Deus, antes de partir. E, ali mesmo ajoelhou-se, perante o morcego que acabava de morrer, exclamando em alta voz:

— Pai nosso, que estás no Céu, santificado seja o teu nome, venha a nós o teu Reino, seja feita a tua vontade, assim na Terra como no Céu; o pão nosso de cada dia dá-nos hoje, perdoa as nossas dívidas, assim como perdoamos aos nossos devedores, não nos deixes cair em tentação e livra-nos do mal, porque teu é o Reino, o poder e a glória para sempre. Assim seja.

Quando acabou de orar, grande quietude reinava na paisagem.

Todos os passageiros, crentes e descrentes, estavam também ajoelhados, repetindo a prece com amoroso respeito. Alguns choravam de emoção e reconhecimento, agradecendo ao Pai Celestial que lhes salvara a vida, por intermédio de um animal que infunde tanto pavor às criaturas humanas. E até a chuva parara de cair, como se o céu silencioso estivesse igualmente acompanhando a sublime oração.

Meimei

Nunca te percas da fé,
Mesmo largado e sozinho.
Quem se desvia de Deus
Não acha o próprio caminho.

ARTUR CANDAL

Deus tinge de verde a erva,
Mostrando em toda a extensão
Que nunca falta esperança
Para os caídos no chão!...

ALBERTO SOUZA

A oração é a nossa escada de intercâmbio com o Céu.

JOÃO BOSCO

7 Do socorro divino
A resposta celeste

Solicitando Bartolomeu esclarecimentos quanto às respostas do Alto às súplicas dos homens, respondeu Jesus, para elucidação geral:

— Antigo instrutor dos mandamentos divinos ia em missão da verdade celeste, de uma aldeia para outra, profundamente distanciadas entre si, fazendo-se acompanhar de um cão amigo, quando anoiteceu, sem que lhe fosse possível prever o número de milhas que o separavam do destino.

"Notando que a solidão em plena natureza era terrível, orou, implorando a proteção do eterno Pai, e seguiu.

"Noite fechada e sem luar, percebeu a existência de larga e confortadora cova, à margem da trilha em que avançava, e acariciando o animal que o seguia, vigilante, dispôs-se a deitar e dormir. Começou a instalar-se pacientemente, mas espessa nuvem de moscas vorazes o atacou, de chofre, obrigando-o a retomar o caminho.

"O ancião continuou a jornada, quando se lhe deparou volumoso riacho, num trecho em que a estrada se bifurcava. Ponte rústica oferecia passagem pela via principal, e, além dela, a terra parecia sedutora, porque, mesmo envolvida na sombra noturna, semelhava-se a extenso lençol branco.

"O santo pregador pretendia ganhar a outra margem, arrastando o companheiro obediente, quando a ponte se desligou das bases, estalando e abatendo-se por inteiro.

"Sem recursos, agora, para a travessia, o velhinho seguiu pelo outro rumo, e, encontrando robusta árvore, ramalhosa e acolhedora, pensou em abrigar-se convenientemente, porque o firmamento anunciava a tempestade pelos trovões longínquos. O vegetal respeitável oferecia asilo fascinante e seguro no próprio tronco aberto.

"Dispunha-se ao refúgio, mas a ventania começou a soprar tão forte que o tronco vigoroso caiu, partido, sem remissão.

"Exposto então à chuva, o peregrino movimentou-se para diante.

"Depois de aproximadamente duas milhas, encontrou um casebre rural mostrando doce luz por dentro, e suspirou aliviado.

"Bateu à porta. O homem ríspido que veio atender foi claro na negativa, alegando que o sítio não recebia visitas à noite e que não lhe era permitido acolher pessoas estranhas.

"Por mais que chorasse e rogasse, o pregador foi constrangido a seguir além.

"Acomodou-se como pôde, debaixo do temporal, nas cercanias da casinhola campestre; no entanto, a breve espaço, notou que o cão, aterrado pelos relâmpagos sucessivos, fugia a uivar, perdendo-se nas trevas.

"O velho, agora sozinho, chorou angustiado, acreditando-se esquecido por Deus, e passou a noite ao relento. Alta madrugada, ouviu gritos e palavrões indistintos, sem poder precisar de onde partiam.

"Intrigado, esperou o alvorecer e, quando o Sol ressurgiu resplendente, ausentou-se do esconderijo, vindo a saber, por intermédio de camponeses aflitos, que uma quadrilha de ladrões pilhara a choupana onde lhe fora negado o asilo, assassinando os moradores.

"Repentina luz espiritual aflorou-lhe na mente.

"Compreendeu que a Bondade divina o livrara dos malfeitores e que, afastando dele o cão que uivava, lhe garantira a tranquilidade do pouso.

"Informando-se de que seguia em trilho oposto à localidade do destino, empreendeu a marcha de regresso, para retificar a viagem, e, junto à ponte rompida, foi esclarecido por um lavrador de que a terra branca, do outro lado, não passava de pântano traiçoeiro, em que muitos viajores imprevidentes haviam sucumbido.

"O velho agradeceu o salvamento que o Pai lhe enviara e, quando alcançou a árvore tombada, um rapazinho observou-lhe que o tronco, dantes acolhedor, era conhecido covil de lobos.

"Muito grato ao Senhor que tão milagrosamente o ajudara, procurou a cova onde tentara repouso e nela encontrou um ninho de perigosas serpentes.

"Endereçando infinito reconhecimento ao Céu pelas expressões de variado socorro que não soubera entender, de pronto, prosseguiu adiante, são e salvo, para o desempenho de sua tarefa".

Nesse ponto da curiosa narrativa, o Mestre fitou Bartolomeu demoradamente e terminou:

— O Pai ouve sempre as nossas rogativas, mas é preciso discernimento para compreender as respostas dele e aproveitá-las.

Neio Lúcio

Hoje vi no meu caminho
Lição de fé verdadeira:
Sabiá fazendo ninho
Por cima de cachoeira.

Antônio Sales

Não te dês ao pessimismo,
Por mais que a dor te requeira.
Se o mal te empurra no abismo,
Deus te segura na beira.

SOARES BULCÃO

Antes de pronunciares a frase amarga que te explode no coração, tentando romper as barreiras da boca, pensa na Bondade de Deus, que te envolve por toda parte.

MEIMEI

8 Da abnegação
O exemplo da fonte

Um estudante da sabedoria, rogando ao seu instrutor lhe explicasse qual a melhor maneira de liberar-se do mal, foi por ele conduzido a uma fonte que deslizava, calma e cristalina, e, seguindo-lhe o curso, observou:

— Veja o exemplo da fonte, que auxilia a todos, sem perguntar, e que nunca se detém até alcançar a grande comunhão com o oceano. Junto dela crescem as plantas de toda a sorte, e em suas águas dessedentam-se animais de todos os tipos e feitios.

Enquanto caminhavam, um pequeno atirou duas pedras à corrente e as águas as engoliram em silêncio, prosseguindo para diante.

— Reparou? — disse o mentor amigo — a fonte não se insurgiu contra as pedradas. Recebeu-as com paciência e seguiu trabalhando.

Mais à frente, viram grosso canal de esgoto arremessando detritos no corpo alvo das águas, mas a corrente absorvia o lodo escuro, sem reclamações, e avançava sempre.

O professor comentou para o aprendiz:

— A fonte não se revolta contra a lama que lhe atiram à face. Recolhe-a sem gritos e transforma-a em benefícios para a terra necessitada de adubo.

Adiante ainda, notaram que enquanto andorinhas se banhavam, lépidas, feios sapos penetravam também a corrente e pareciam felizes em alegres mergulhos.

As águas amparavam a todos sem a mínima queixa.

O bondoso mentor indicou o lindo quadro ao discípulo e terminou:

— Assinalemos o exemplo da fonte e aprenderemos a libertar-nos de qualquer cativeiro, porque, em verdade, só aqueles que marcham para diante, com o trabalho que Deus lhes confia, sem se ligarem às sugestões do mal, conseguem vencer dignamente na vida, garantindo, em favor de todos, as alegrias do bem eterno.

Meimei

Caridade, a lei do bem,
Aqui, além, acolá,
Tanto dá, quanto mais tem,
Tanto mais tem, quanto dá.

Antônio Sales

Amor é devotamento,
Nem sempre só bem-querer.
Bendito aquele que dá
Sem pensar em receber.

Sabino Batista

A renúncia será um privilégio para você.

André Luiz

9 Do perdão
A última tentação

Dizem que Jesus, na hora extrema, começou a procurar os discípulos, no seio da agitada multidão que lhe cercava o madeiro, em busca de algum olhar amigo em que pudesse reconfortar o espírito atribulado...
Contemplou, em silêncio, a turba enfurecida.
Fustigado pelas vibrações de ódio e crueldade, qual se devera morrer, sedento e em chagas, sobre um montão de espinhos, começou a lembrar os afeiçoados e seguidores da véspera...
Onde estariam seus laços amorosos da Galileia?...
Recordou o primeiro contato com os pescadores do lago e chorou.
A saudade amargurava-lhe o coração.
Por que motivo Simão Pedro fora tão frágil? Que fizera ele, Jesus, para merecer a negação do companheiro a quem mais se confiara?

Que razões teriam levado Judas a esquecê-lo? Como entregara, assim, ao preço de míseras moedas, o coração que o amava tanto?

Onde se refugiara Tiago, em cuja presença tanto se comprazia?

Sentiu profunda saudade de Filipe e Bartolomeu, e desejou ouvi-los.

Rememorou suas conversações com Mateus e refletiu quão doce lhe seria poder abraçar o inteligente funcionário de Cafarnaum, de encontro ao peito...

De reminiscência a reminiscência, teve fome da ternura e da confiança das criancinhas galileias que lhe ouviam a palavra, deslumbradas e felizes, mas os meninos simples e humildes que o amavam perdiam-se, agora, a distância...

Recordou Zebedeu e suspirou por acolher-se-lhe à casa singela.

João, o amigo abnegado, achava-se ali mesmo, em terrível desapontamento, mas precisava socorro para sustentar Maria, a angustiada Mãe, ao pé da cruz.

O Mestre desejava alguém que o ajudasse de perto, em cujo carinho conseguisse encontrar um apoio e uma esperança...

Foi quando viu levantar-se, dentre a multidão desvairada e cega, alguém que ele, de pronto, reconheceu. Era o mesmo Espírito perverso que o tentara no deserto, no pináculo do templo e no cimo do monte.

O Gênio da Sombra, de rosto enigmático, abeirou-se dele e murmurou:

— Amaldiçoa os teus amigos ingratos e dar-te-ei o reino do mundo! Proclama a fraqueza dos teus irmãos de ideal, a fim de que a justiça te reconheça a grandeza angélica, e descerás, triunfante, da cruz!... Dize que os teus amigos são covardes e duros, impassíveis e traidores, e unir-te-ei aos poderosos da Terra para que domines todas as consciências. Tu sabes que, diante de Deus, eles não passam de míseros desertores...

Jesus escutou, com expressiva mudez, mas o pranto manou-lhe mais intensamente do olhar translúcido.

— Sim — pensava —, Pedro negara-o, mas não por maldade. A fragilidade do apóstolo podia ser comparada à tenrura de uma oliveira nascente que, com os dias, se transforma no tronco robusto e nobre, a desafiar a implacável visita dos anos. Judas entregara-o, mas não por má-fé. Iludira-se com a política farisaica e julgara poder substituí-lo com vantagem nos negócios do povo.

Encontrou, no imo d'alma, a necessária justificação para todos e parecia esforçar-se por dizer o que lhe subia do coração.

Ansioso, o Espírito das trevas aguardava-lhe a pronúncia, mas o Cordeiro de Deus, fixando os olhos no céu inflamado de luz, rogou em tom inesquecível:

— Perdoa-lhes, Pai! Eles não sabem o que fazem!...

O Príncipe das Sombras retirou-se apressado.

Nesse instante, porém, ao invés de deter-se na contemplação de Jerusalém dominada de impiedade e loucura, o Senhor notou que o firmamento rasgara-se, de alto a baixo, e viu que os anjos iam e vinham, tecendo de estrelas e flores o caminho que o conduziria ao trono celeste.

Uma paz indefinível e soberana estampara-se-lhe no semblante.

O Mestre vencera a última tentação e seguiria, agora, radiante e vitorioso para a claridade sublime da ressurreição eterna.

Irmão X

Cartaz que o mundo apregoa
Para o cultivo do bem:
Quem receia a ingratidão
Não auxilia a ninguém.

Antônio de Castro

No caminho para o Céu,
Por lei, em qualquer lugar,
O tempo mais importante
É o tempo de perdoar.

Lobo da Costa

O coração mais belo que pulsou entre os homens respirava na multidão e seguia só. Possuía legiões de Espíritos angélicos e aproveitou o concurso de amigos frágeis que o abandonaram na hora extrema. Ajudava a todos e chorou sem ninguém. Mas, ao carregar a cruz no monte áspero, ensinou-nos que as asas da imortalidade podem ser extraídas do fardo de aflição, e que, no território moral do bem, alma alguma caminha solitária, porque vive tranquila na presença de Deus.

ALBINO TEIXEIRA

10 Do trabalho
O devoto desiludido

O fato parece anedota, mas um amigo nos contou a pequena história que passamos para a frente, assegurando que o relato se baseia na mais viva realidade.

Hemetério Rezende era um tipo de crente esquisito, fixado à ideia do paraíso. Admitia piamente que a prece dispensava as boas obras, e que a oração ainda era o melhor meio de se forrar a qualquer esforço.

"Descansar, descansar!..." Na cabeça dele isso era um refrão mental incessante. O cumprimento de mínimo dever lhe surgia à vista por atividade sacrificial e, nas poucas obrigações que exercia, acusava-se por penitente desventurado, a lamentar-se por bagatelas. Por isso mesmo, fantasiava o "doce fazer nada" para depois da morte do corpo físico. O reino celeste, a seu ver, constituir-se-ia de espetáculos fascinantes de permeio com manjares deliciosos... Fontes de leite e mel, frutos e flores, a se revelarem por milagres constantes, enxameariam aqui e ali, no éden dos justos.

Nessa expectativa, Rezende largou o corpo em idade provecta, a prelibar prazeres e mais prazeres.

Com efeito, Espírito desencarnado, logo após o grande transe foi atraído, de imediato, para uma colônia de criaturas desocupadas e gozadoras que lhe eram afins, e aí encontrou o padrão de vida com que sonhara: preguiça louvaminheira, a coroar-se de festas sem sentido e a empanturrar-se de pratos feitos.

Nada a construir, ninguém a auxiliar...

As semanas se sobrepunham às semanas, quando Rezende, que se supunha no Céu, passou a sentir-se castigado por terrível desencanto. Suspirava por renovar-se e concluía que para isso lhe seria indispensável trabalhar...

Tomado de tédio e desilusão, não achava em si mesmo senão o anseio de mudança.

À face disso, esperou e esperou, e, quando se viu à frente de um dos comandantes do estranho burgo espiritual, arriscou, súplice:

— Meu amigo, meu amigo!... Quero agir, fazer algo, melhorar-me, esquecer-me!... Peço transformação, transformação!...

— Para onde deseja ir? — indagou o interpelado, um tanto sarcástico.

— Aspiro a servir, em favor de alguém... Nada encontro aqui para ser útil... Por piedade, deixe-me seguir para o inferno, onde espero movimentar-me e ser diferente...

Foi então que o enigmático chefe sorriu e falou, claro:

— Hemetério, você pede para descer ao inferno, mas escute, meu caro!... Sem responsabilidade, sem disciplina, sem trabalho, sem qualquer necessidade de praticar a abnegação, como vive agora, onde pensa você que já está?

IRMÃO X

Ideias e *ilustrações*

Fé sem obras, prece em vão,
Preguiça que adora e pensa,
Calma sem brilho de ação.
Retrato da indiferença.

CHIQUITO DE MORAIS

Procura o bem, faze o bem,
Não percas tempo, nem vez,
Que a gente leva da vida
Somente a vida que fez.

ROBERTO CORREIA

Busque agir para o bem, enquanto você dispõe de tempo. É perigoso guardar uma cabeça cheia de sonhos, com as mãos desocupadas.

ANDRÉ LUIZ

82

Se sem alma, preces em vão,
Pergunta que adoro e penso,
Calma sem linha de ação,
Retorno à indiferença.

CHIQUITO DE MORAIS

83

Procura o bem, faze o bem,
Não percas tempo, nem vez,
Que a carne leva da vida
Somente o vinho que fez.

ROBERTO LORELIA

84

Busque agir, porta o bem, enquanto você dispõe de tempo.
É perigoso guardar intimidade cheia de sonhos, com as mãos
desocupadas.

ANDRÉ LUIZ

11 Da gentileza
O poder da gentileza

Excelente professor, interessado em fundar uma escola num bairro pobre, onde centenas de crianças desamparadas cresciam sem o benefício das letras, isto é, sem aprender a ler e escrever, foi recebido pelo prefeito da cidade.

O prefeito ouviu-lhe o plano e disse-lhe:

— Acho muito difícil unir a lei com a bondade. Organize uma casa e autorizaremos o seu funcionamento.

O professor, que desejava muito proteger e ajudar os meninos do bairro, disse:

— Mas, prefeito, não dispomos de dinheiro para isso!

— Que fazer? — disse o prefeito.

— Preciso da sua ajuda, temos a obrigação de amparar essas crianças.

Diante da figura humilde do professor, o prefeito disse:

— O senhor não pode servir na administração. Não ocupa nenhum cargo.

O professor, muito triste, retirou-se, e passou a tarde e a noite daquele sábado pensando, pensando...

Domingo, muito cedo, saiu a passear, sob as grandes árvores, na direção do antigo mercado. Ia fazendo uma oração silenciosa:

— Meu Deus, como agir? Será que não vamos conseguir um teto para abrigar essas crianças, Senhor?

Assim distraído, chegou ao mercado e entrou.

O movimento era enorme. Muitas compras. Muita gente.

Uma senhora, de apresentação distinta, aproximou-se dele e, pensando que ele estivesse ali para matar o tempo, de mãos desocupadas e cabeça vazia, exclamou:

— Meu rapaz, venha cá.

O professor acompanhou-a, sem vacilar.

À frente dum saco enorme de verduras, a senhora disse:

— Carregue este saco para mim!

Sem nada dizer, o professor colocou o saco nas costas.

Caminharam uns quinhentos metros e entraram em uma elegante casa.

Ela solicitou de novo:

— Tenho visitas hoje! Poderá ajudar-me no serviço geral?

— Perfeitamente. Dê suas ordens.

Ela indicou pequeno pátio e pediu ao professor que preparasse meio metro de lenha para o fogão, pois naquela época os alimentos eram preparados em fogões que queimavam lenha ou madeira.

Segurando com firmeza o machado, o educador, após certo esforço, cortou a lenha.

Em seguida, foi chamado para consertar a chaminé.

Consertou-a sujando toda a roupa.

Sujo de pó escuro, da cabeça aos pés, recebeu ordens para ir buscar um peru assado.

Pôs-se a caminho, andando mais ou menos dois quilômetros, trazendo o grande prato em pouco tempo.

Logo após, atirou-se à limpeza do local onde aconteceria grande almoço.

Nas primeiras horas da tarde, sete pessoas chegavam à casa para a festa.

Entre elas estava o prefeito, que logo notou a presença do visitante da véspera, levado ao seu gabinete por autoridades respeitáveis.

Reservadamente, perguntou à sua irmã, que era a dona da casa, quem era o novo empregado, conversando bem baixinho.

Ao fim do dia, a senhora distinta e autoritária, com visível desapontamento, veio ao encontro do empregado improvisado e pediu o preço dos serviços prestados.

— Nem pense nisto — respondeu com sinceridade —, tive muito prazer em ser-lhe útil.

No dia seguinte, a senhora procurou o professor, na casa modesta em que se hospedava e, depois de pedir-lhe desculpas, ofereceu-lhe um amplo edifício, destinado à escola que pretendia estabelecer.

As crianças usariam o patrimônio à vontade e o prefeito autorizaria a providência com satisfação.

O professor teve os olhos úmidos de alegria e reconhecimento... e agradecendo, beijou-lhe as mãos respeitoso.

A bondade do professor vencera os obstáculos.

O exemplo é mais importante que as palavras.

A gentileza possui, em toda parte, glorioso poder.

Neio Lúcio

Se pretendes o caminho
Da vida que aperfeiçoa,
Trabalha, incessantemente,
Aprende, serve e perdoa.

Casimiro Cunha

*A vida se classifica
Por esta base singela:
Quanto mais útil, mais rica,
Quanto mais simples, mais bela.*

MARCELO GAMA

Sua generosidade chamará a bondade alheia em seu socorro.

ANDRÉ LUIZ

12 Da esperança
Por cinco dias

Mais de seis lustros passaram.

Francisco Teodoro, o industrial suicida, experimentara pavorosos suplícios nas trevas...

Defrontado por crise financeira esmagadora, havia aniquilado a existência.

Tivera vida próspera. À custa de ingente esforço, construíra uma fábrica. Importando fios, conseguira tecer casimiras notáveis. E o trabalho se lhe desdobrava, promissor. Operários e máquinas eficientes, armazéns e lucros firmes.

Surgira, porém, a retração dos negócios.

Humilhavam-no cobranças e advertências, a lhe invadirem a casa. Frases vexatórias espancavam-lhe os ouvidos.

— Coronel Francisco, trago-lhe as promissórias vencidas.
— Sr. Francisco, nossa firma não pode esperar.

O capitão de serviço pedia mais tempo; apresentava desculpas; falava de novas esperanças e comentava as dificuldades de todos.

Meses passaram pesadamente.

Cartas vinagrosas chegavam-lhe à caixa postal.

Devia a credores diversos o montante de oitocentos contos de réis. A produção, abundante, descansava no depósito, sem compradores.

Procurava consolo na fé religiosa.

Por toda parte, lia e ouvia referências à divina Bondade. Deus não desampara as criaturas — pensava. Ainda assim, tentava a oração, sem abandonar a tensão.

E porque alguém o ameaçava de escândalos na imprensa, com protestos públicos, em que seria indicado por negociante desonesto, escreveu pequena carta, anunciando-se insolvável, e disparou um tiro no crânio.

Com imenso pesar, descobriu que a vida continuava, carregando, em zonas sombrias de purgação, a cabeça em frangalhos...

Palavra alguma na Terra conseguiria descrever-lhe o martírio. Sentia-se um louco encarcerado na gaiola do sofrimento. Depois de trinta anos, pôde recuperar-se, internando-se em casa de reajuste, reavendo afeições e reconhecendo amigos...

E agora que retornava à cidade que lhe fora ribalta ao desespero, notava, surpreendido, o progresso enorme da fábrica que lhe saíra das mãos.

Embora invisível aos olhos físicos dos velhos companheiros de luta, abraçou, chorando de alegria, os filhos e os netos reunidos no trabalho vitorioso.

E após reconhecer o seu próprio retrato, reverenciado pelos descendentes no grande escritório, veio a saber que acontecimento importante sucedera cinco dias depois dos funerais em que a família lhe pranteara o gesto terrível.

À face da alteração na balança comercial do país, ante a grande guerra de 1914, o estoque de casimiras, que acumulara zelosamente, produziu importância que superou de muito a quatro mil contos de réis.

Mostrando melancólico sorriso, o visitante espiritual compreendeu, então, que a Bondade de Deus não falhara.

Ele apenas não soubera esperar...

HILÁRIO SILVA

Esperança — doce alento
De quem serve, ama e confia,
Escora no sofrimento,
Pão nosso de cada dia.

OSCAR BATISTA

Se sofres dores crescentes,
Não esmoreças na estrada.
Quando chega a meia-noite,
É hora da madrugada.

LAURO PINHEIRO

Diante da noite, não acuse as trevas. Aprenda a fazer lume.

ANDRÉ LUIZ

13 Da humildade
O burro de carga

No tempo em que não havia automóveis, na cocheira de famoso palácio real, um burro de carga curtia imensa amargura, suportando as brincadeiras e o desprezo dos seus companheiros.

Reparando em seu pêlo maltratado, nas grandes cicatrizes que lhe cobriam o corpo e no seu jeito triste e humilde, aproximou-se um lindo cavalo árabe, ganhador de vários prêmios.

Junto com ele estava um potro inglês, vindo de uma família de campeões. Orgulhosos, conversavam:

— Veja em que estado está este burro! Que triste o seu destino! Você não tem inveja da minha posição? Sou aplaudido nas corridas, sou elogiado pela palavra dos reis e acariciado pelas mãos das princesas.

— Imagine se um pobre burro consegue entender o que é o brilho das corridas e a emoção da caçada!

O pobre animal recebia todas as críticas e ironias com seu jeito triste e resignado.

Outro cavalo, também de procedência nobre, adquirido de um famoso criador húngaro, entrou na cocheira e começou a comentar:

— Esse burro é um covarde! Sofreu as maiores brutalidades nas mãos do amansador e não deu nem um coice! Nasceu somente para levar cargas e pancadas. É vergonhoso e humilhante ter que suportar sua presença...

Um jumento espanhol, orgulhoso de sua origem, chegando perto do infeliz burro de carga, falou sem piedade:

— Eu tenho vergonha de reconhecer este burro como meu parente próximo! Ele é um fraco, um inútil, um animal sem nenhum orgulho!

— Ele não tem amor-próprio! Vejam só o meu caso: eu só aceito deveres dentro de um limite. Se alguém quer abusar, eu dou coice e sou capaz até de matar.

E, assim, sempre com observações de desprezo pelo burro, continuava a conversa na cocheira.

Foi quando, muito admirados, os orgulhosos animais viram entrar na cocheira o Rei e o chefe da cavalariça.

Ouviram quando conversavam:

— Preciso de um animal para uma tarefa de grande responsabilidade. Quero que ele seja dócil e educado, que mereça minha absoluta confiança.

— Majestade, temos animais da mais pura linhagem. O que Vossa Alteza acha deste cavalo árabe?

— Não, não! Ele é muito altivo e só serve mesmo para corridas em festas sem importância.

— Não quer o potro inglês?

— De jeito nenhum. Ele é muito irrequieto, não sabe fazer nada além de caçar.

— Majestade, veja que beleza este cavalo húngaro! Quem sabe ele lhe agrada.

— Não, não. Ele é muito bravo e sem educação. É bom apenas para ser pastor dos rebanhos.

— Quem sabe o jumento serve para a tarefa?

O Rei, já meio desanimado:

— De maneira alguma. Esse jumento é manhoso, não sabe obedecer e não merece confiança.

O Rei parou pensativo, ficou alguns instantes meditando qual animal poderia fazer a importante tarefa que ele desejava.

— Onde está o meu burro de carga?

— Está ali, Majestade.

O próprio Rei foi buscá-lo e, puxando-o carinhosamente para fora do estábulo, mandou que o enfeitassem com as cores e os símbolos da Casa Real e confiou-lhe seu filho ainda criança para uma longa viagem.

Assim acontece na vida. Temos sempre muitos amigos, conhecidos, companheiros, mas somente nos prestam serviços úteis aqueles que já aprenderam a ajudar sem pensar em si mesmos e sem desejar recompensas.

Neio Lúcio

Abriga-te na humildade,
Não busques mundana estima.
O ouro afunda no mar,
A palha fica por cima.

Regueira Costa

Nunca vejas no vizinho
Defeitos, fraquezas, taras...
A ostra mora no lodo
Criando pérolas raras.

Sabino Batista

Quem não deseja suportar, é incapaz de servir.

André Luiz

Quando Jesus domina o coração, a vida está em paz.

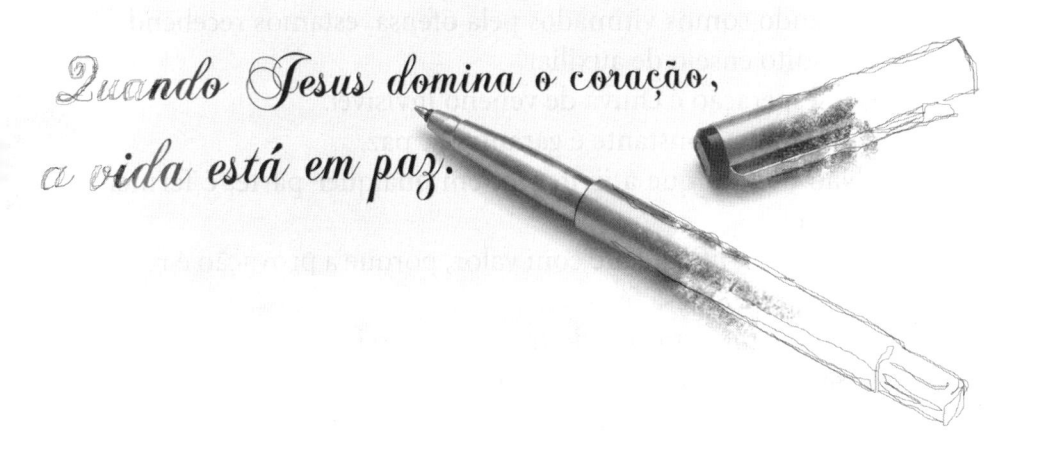

14 Da paciência
O conferencista atribulado

Naquela manhã ensolarada de domingo, Gustavo Torres, em seu gabinete de estudo, alinhava preciosos conceitos sobre a arte de ajudar.

Espiritualista consciencioso, acreditava que a luta na Terra era abençoada escola de formação do caráter e, por isso, atendendo às exigências do próprio ideal, enfileirava, tranquilo, frases primorosas para o comentário evangélico que pretendia movimentar na noite seguinte.

Depois de renovadora prece, começou a escrever, sentidamente:

• O próximo, de qualquer procedência, é nosso irmão, credor de nosso melhor carinho.

• O caluniador é um teste de paciência.

• Quando somos vitimados pela ofensa, estamos recebendo de Jesus o bendito ensejo de auxiliar.
• Desesperação é chuva de veneno invisível.
• A desculpa constante é garantia de paz.
• Não olvides que a irritação, em qualquer parte, é fermento da discórdia.
• Suporta a dificuldade com valor, porque a provação é recurso demonstrativo de nossa fé.
• Se um irmão transviado te prejudica o interesse, recebe nele a tua valiosa oportunidade de perdoar.
• Se alguém aparece, como instrumento de aflição em tua casa, não fujas ao exercício da tolerância.
• A calma tonifica o espírito...

Nesse momento, a velha criada veio trazer o chocolate, sobre o qual, sem que ela percebesse, pousara pequena mosca, encontrando a morte.

Torres notou o corpo estranho e, repentinamente indignado, bradou para a servidora:

— Como se atreve a semelhante desconsideração? Acredita que eu deva engolir um mosquito deste tamanho?

Impressionada com o golpe que o patrão vibrara na bandeja, a pobre mulher implorou:

— Desculpe-me, senhor! A enfermidade ensombra-me os olhos...

— Se é assim — falou áspero —, fique sabendo que não preciso de empregados inúteis...

O conferencista da arte de ajudar ainda não dera o incidente por terminado, quando o recinto foi invadido pelo estrondo de um desmoronamento.

O condutor de um caminhão, num lance infeliz, arrojara a máquina sobre um dos muros da sua residência.

O dono da casa desceu para a via pública, como se fora atingido por um raio.

Abeirou-se do motorista mal trajado e gritou, colérico:

— Criminoso! Que fizeste?

— Senhor — rogou o mísero —, perdoe-me o desastre. Pagarei as despesas de reconstrução. Tenho a cabeça tonta com a moléstia de meu filhinho, que agoniza, há muitos dias...

— Desgraçado! O problema é seu, mas o meu caso será entregue à polícia.

E quando Torres, possesso, usa o telefone, discando para o delegado de plantão, meninos curiosos invadiam-lhe o jardim bem tratado, esmagando a plantação de cravos que lhe exigira imenso trabalho na véspera.

Exasperado, avançou para as crianças, ameaçando:

— Vagabundos! Larápios! Rua, rua!... Fora daqui!... Fora daqui!...

Daí a instantes, policiais atenciosos cercavam-lhe o domicílio e Torres regressou ao gabinete, qual se estivesse acordando de um pesadelo...

Da mesa, destacava-se minúsculo cartaz, em que releu o formoso dístico aí grafado por ele mesmo: "Quando Jesus domina o coração, a vida está em paz".

Atribulado, sentou-se.

Deteve-se novamente na frase preciosa que escrevera, reconheceu quão fácil é ensinar com as palavras e quão difícil é instruir com os exemplos, e, envergonhado, passou a refletir...

IRMÃO X

Seja a tua paciência
Qual fonte que não se esgota.
Arrojo sem disciplina
É trilho para a derrota.

Casimiro Cunha

❈

Coração, dirige o leme
Que te regula o dever.
Quem a si próprio se teme
Nada mais tem a temer.

Milton da Cruz

❈

Tenha paciência. Se você não chega a dominar-se, debalde
buscará o entendimento de quem não o compreende ainda.

André Luiz

15 Da renúncia
A única dádiva

Conta-se que Simão Pedro estava cansado, depois de vinte dias junto do povo.

Banhara feridentos, alimentara mulheres e crianças esquálidas, e, em vez de receber a aprovação do povo, recolhia insultos velados, aqui e ali...

Após três semanas consecutivas de luta, fatigara-se e preferia isolar-se entre alcaparreiras amigas.

Por isso mesmo, no crepúsculo anilado, estava, ele só, diante das águas, a refletir...

Aproxima-se alguém, contudo...

Por mais busque esconder-se, sente-se procurado.

É o próprio Cristo.

— Que fazes, Pedro? — diz-lhe o Senhor.
— Penso, Mestre.
E o diálogo prolongou-se.
— Estás triste?
— Muito triste.
— Por quê?
— Chamam-me ladrão.
— Mas se a consciência não te acusa, que tem isso?
— Sinto-me desditoso. Em nome do amor que me ensinas, alivio os enfermos e ajudo os necessitados. Entretanto, injuriam-me. Dizem por aí que furto, que exploro a confiança do povo... Ainda ontem, distribuía os velhos mantos que nos foram cedidos pela casa de Carpo entre os doentes chegados de Jope... Alegou alguém, inconsideradamente, que surrupiei a maior parte... Estou exausto, Mestre. Vinte dias de multidão pesam muito mais que vinte anos de serviço na barca...
— Pedro, que deste aos necessitados nestes últimos vinte dias?
— Moedas, túnicas, mantos, unguentos, trigo, peixe...
— De onde chegaram as moedas?
— Das mãos de Joana, a mulher de Cusa.
— As túnicas?
— Da casa de Zobalan, o curtidor.
— Os mantos?
— Da residência de Carpo, o romano que decidiu amparar-nos.
— Os unguentos?
— Do lar de Zebedeu, que os fabrica.
— O trigo?
— Da seara de Zaqueu, que se lembra de nós...
— E os peixes?
— Da nossa pesca.
— Então, Pedro?
— Que devo entender, Senhor?
— Que apenas entregamos aquilo que nos foi ofertado para distribuirmos em favor dos que necessitam. A divina Bondade conjuga as circunstâncias e confia-nos de um modo ou de outro os elementos que devamos movimentar nas obras do bem... Disseste servir em nome do amor...

— Sim, Mestre...

— Recorda, então, que o amor não relaciona calúnias, nem conta sarcasmos.

O discípulo, entremostrando súbita renovação mental, não respondeu.

Jesus abraçou-o e disse apenas:

— Pedro, todos os bens da vida podem ser transmitidos de sítio a sítio e de mão em mão... Ninguém pode dar, em essência, esse ou aquele patrimônio do mundo, senão o próprio Criador, que nos empresta os recursos por Ele gerados na Criação... E, se algo podemos dar de nós, o amor é a única dádiva que podemos fazer, sofrendo e renunciando por amar...

O Apóstolo compreendeu e beijou as mãos que o tocavam de leve.

Em seguida, puseram-se ambos a falar alegremente sobre as tarefas esperadas para o dia seguinte.

IRMÃO X

Um gesto de caridade,
Na dor de momento incerto,
Recorda a bênção do orvalho
Amenizando o deserto.

EUGÊNIO RUBIÃO

O ponto alto do amor
Em tudo se mostra nisso:
Entendimento e bondade
Com tradução em serviço.

ÁLVARO NOVAES

Benfeitor — é o que ajuda e passa.
Amigo — é o que ampara em silêncio.

ANDRÉ LUIZ

16 Do aperfeiçoamento
Fábula simples

Quando o diamante já trabalhado se abeirou da pedra preciosa, saída de serro áspero, clamou, irritadiço:

— Que coisa informe! Rugosidades por todos os lados!... Que farei de semelhante aborto da natureza?

E roçou, com superioridade, sobre a pedra bruta.

A pobrezinha, mal saída do solo em que dormira por milênios, sentindo-se melindrada, tentou reclamar; entretanto, ao observar o clivador, cheio de esperança na utilidade que ela podia oferecer, calou-se.

Findo o dia, o operário recebeu o salário que lhe competia e contemplou-a, tomado de gratidão.

A pedra, intimamente compensada, esperou.

No dia seguinte, veio o martelo cônico e, desapiedado, riu-se dela, exclamando:

— Nariz de rochedo, quem teria o mau gosto de aperfeiçoar-te? Por que a infelicidade de entrar em comunhão contigo, seixo maldito?

O cristal sofredor ia revidar, mas vendo que o trabalhador, que mobilizaria a maça contra ele, o mirava com enternecimento, preferiu silenciar, entregando-se paciente à nova operação de lapidagem.

Sabendo, em seguida, que o operário obtinha, feliz, substanciosa paga, reconheceu-se igualmente enriquecido.

Mais tarde, apareceu o pó de diamante, que gritou, irônico:

— Por que a humilhação de trabalhar essa pedra amarelada e baça? Quem teria descoberto esse calhau feio e desvalioso?

A pedra ia responder, protestando; contudo, reparou que o lapidário a fixava com respeito, denotando entender-lhe a nobreza interior, e, em homenagem àquele silencioso admirador de sua beleza, emudeceu e deixou-se torturar.

Quando o lapidário recolheu o pagamento que lhe cabia, deu-se ela por bem remunerada.

Logo após chegou a mó de polir, que falou, mordaz:

— Esta velha cristalização de carbono é indigna de qualquer tratamento... Que poderá resultar dela? Por que perder tempo com este aleijão da mina?

A pedra propunha-se aclarar a situação; contudo, notando a jubilosa expectativa do artífice, que lhe identificara a grandeza, aquietou-se obediente, e suportou com calma todos os insultos que lhe foram desferidos sobre a face, até que o próprio polidor a acariciou, venturosamente.

Sem perceber-lhe o valor, o diamante talhado, o martelo, o pó de diamante e a mó viram-na sair, colada ao coração do operário, em triunfo, permanecendo espantados e ignorantes, na sombra da suja caverna de lapidação em que a presença deles tinha razão de ser.

Passados alguns dias, a pedra convertida em soberbo brilhante foi engastada no cetro do governador do seu país natal, passando a viver, querida e abençoada, sob a veneração de todos.

Se encontraste no mundo criaturas que se fizeram diamante descaridoso, martelo impiedoso, pó irônico ou mó sarcástica sobre o teu coração, suporta-as com paciência, por amor daqueles que caminham contigo, e espera sem desânimo, porque um dia, transformada a tua alma em celeste clarão, virás à furna terrestre agradecer-lhes as exigências e os infortúnios com que te alçaram à glória dos cimos!...

IRMÃO X

Sem a dor que a forme no peito,
Felicidade perdura
Como sendo indiferença,
Ingenuidade ou loucura.

TONINHO BITTENCOURT

Ajuda quanto puderes,
Espalha a consolação.
Ninguém consegue escapar
Ao tempo de provação.

CASIMIRO CUNHA

A dor, o obstáculo e o conflito são bem-aventuradas ferramentas de melhoria, funcionando em nosso favor. Que dizer da pedra preciosa que fugisse às mãos do lapidário, do barro que repelisse a influência do oleiro?

ANDRÉ LUIZ

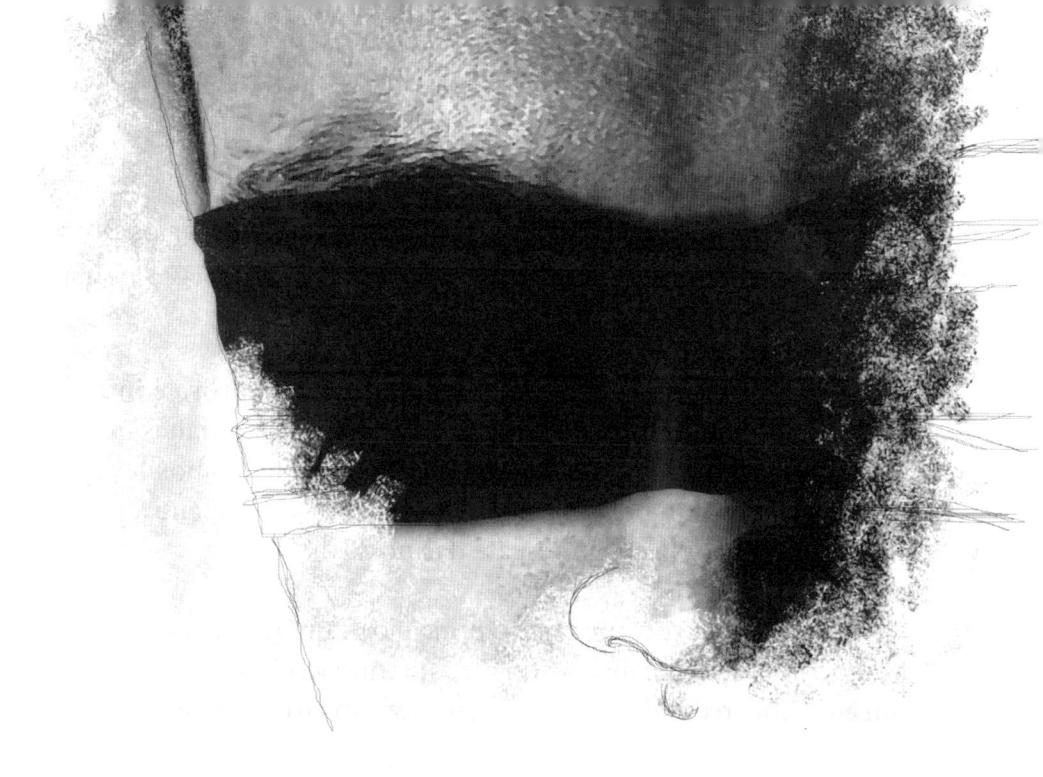

17 Da influência do bem
O poder do bem

Armando Pires efetuava os últimos arranjos no carro, para conduzir seu amigo Jorge Bretas à estância de repouso que distava quarenta quilômetros.

Nesse justo momento, o diálogo entre eles, em torno da lei de causa e efeito, se detinha em curioso ápice.

— Mas você não acredita mesmo que a justiça possa ser modificada pela misericórdia?

— Não.

— Acaso não admite que o destino, assim como é reparável a toda hora, é suscetível de ser renovado todos os dias?

— Não.

— Não crê que as ações do amor desfazem as cadeias do ódio?

— Não.
— Você não aceita a possibilidade de transformar os problemas de alguém que chora, dando a esse alguém uma parcela de alegria ou de esperança?
— Não.
— Não reconhece você que se um irmão em prova é intimado pelas leis do universo ao sofrimento, para ressarcir as faltas que haja cometido em outras existências, nós, igualmente, somos levados a conhecer-lhe a dor, pelas mesmas Leis Divinas, de maneira a prestar-lhe o auxílio possível, em resgate das nossas?
— Não.
— Não tem você por certo o princípio de que o bem dissolve o mal, assim como o reequilíbrio extingue a perturbação? Não concorda que um ato nobre redundará sempre na justiça, em favor de quem o pratica?
— Não.
— Por quê?
— Porque a justiça deve ser a justiça e cada qual de nós pagará pelos próprios erros.
— Céus! Mas você não aceita a ideia de que migalhas de amor são capazes de funcionar em lugar da dor, ante os foros celestes, assim como as pequenas prestações, na base da equidade e da diligência, podem evitar que uma dívida venha a ser cobrada pela força de um tribunal?
— Não.
Em seguida, os dois se aboletaram no automóvel e o carro chispou. Tarde chuvosa, cinzenta...
Alguns quilômetros, para além da arrancada, um buraco no asfalto, sobre alta rampa, e forte sacudidela agitou os viajores.
Bretas lembrou assustado:
— Lance perigoso! Convém parar... Tapemos o buraco ou coloquemos aqui algum sinal de alarme, pelo menos alguns ramos de arvoredo que advirtam quem passe...
— Nada disso! — protestou Armando, decidido — A obrigação é da turma de conserva... Os outros motoristas que se danem. Não somos empregados de ninguém.

Atingido o local de destino, Bretas recolheu-se ao hotel, agradecendo o obséquio, e Armando regressou pelo mesmo caminho.

Entretanto, justamente no ponto da rodovia onde o amigo desejara auxiliar outros motoristas com socorro oportuno, Pires, em grande velocidade dentro da noite, encontrou a cova profundamente alargada pelo aguaceiro e o carro capotou, de modo espetacular, projetando-se barranco abaixo.

Depois do acidente, em companhia de alguns amigos fui visitá-lo num hospital de emergência... Achamo-lo de rosto enfaixado, sob a atenciosa assistência de abnegado ortopedista, que lhe engessava a perna esquerda em frangalhos.

Pires não falava, mas pensava. E pensava exatamente nos delicados meandros da lei de causa e efeito, chegando à conclusão de que o mal não precisa ser resgatado pelo mal, onde o bem chega antes...

IRMÃO X

Felicidade aparece
Por dois modos naturais:
Palavra que pode muito,
Serviço que pode mais.

BENEDITO CANDELÁRIA IRMÃO

O tempo não volta atrás,
Dia passado correu;
Tempo é aquilo que se faz
Do tempo que Deus nos deu.

LEONEL COELHO

Enquanto esperas pelo Céu, não olvides que também a Terra vive esperando por ti.

MARIANO JOSÉ PEREIRA DA FONSECA

18 Do auxílio espontâneo
Algo mais

Um crente sincero na Bondade do Céu, desejando aprender como colaborar na construção do Reino de Deus, pediu, certo dia, ao Senhor a graça de compreender os propósitos divinos, e saiu para o campo.

De início, encontrou-se com o Vento que cantava e o Vento lhe disse:

— Deus mandou que eu ajudasse as sementeiras e varresse os caminhos, mas eu gosto também de cantar, embalando os doentes e as criancinhas.

Em seguida, o devoto surpreendeu uma Flor que inundava o ar de perfume, e a Flor lhe contou:

— Minha missão é preparar o fruto; entretanto, produzo também o aroma que perfuma até mesmo os lugares mais impuros.

Logo após, o homem estacou ao pé de grande Árvore, que protegia um poço d'água, cheio de rãs, e a Árvore lhe falou:

— Confiou-me o Senhor a tarefa de auxiliar o homem; contudo, creio que devo amparar igualmente as fontes, os pássaros e os animais.

O visitante fixou os feios batráquios e fez um gesto de repulsa, mas a Árvore continuou:

— Estas rãs são boas amigas. Hoje posso ajudá-las, mas depois serei ajudada por elas, na defesa de minhas próprias raízes, contra os vermes da destruição e da morte.

O devoto compreendeu o ensinamento e seguiu adiante, atingindo uma grande cerâmica.

Acariciou o Barro que estava sobre a mesa e o Barro lhe disse:

— Meu trabalho é o de garantir o solo firme, mas obedeço ao oleiro e procuro ajudar na residência do homem, dando forma a tijolos, telhas e vasos.

Então o devoto regressou ao lar e compreendeu que para servir na edificação do reino de Deus é preciso ajudar aos outros, sempre mais, e realizar cada dia, algo mais do que seja justo fazer.

Meimei

Os homens fazem os votos
Usando verbo incomum.
Deus prova pelo serviço
O valor de cada um.

Benedito Candelária Irmão

A ventura se concebe
Só pelo câmbio do bem,
Quanto mais dá mais recebe,
Quanto mais serve mais tem.

José Albano

Você deseja oportunidades de crescimento e ascensão na Espiritualidade Superior, mas, frequentemente, foge aos degraus do esforço laborioso e humilde de cada dia, concedidos a você pela infinita Bondade, a título de misericórdia.

ANDRÉ LUIZ

19 Do valor da vida
A conta da vida

Quando Levindo completou 21 anos, a mãezinha recebeu-lhe os amigos, festejou a data e solenizou o acontecimento com grande alegria.

No íntimo, no entanto, a bondosa senhora estava triste, preocupada.

O filho, até à maioridade, não tolerava qualquer disciplina. Vivia ociosamente, desperdiçando o tempo e negando-se ao trabalho. Aprendera as primeiras letras, a preço de muita dedicação materna, e lutava contra todos os planos de ação digna.

Recusava bons conselhos e inclinava-se, francamente, para o desfiladeiro do vício.

Nessa noite, todavia, a abnegada mãe orou, mais fervorosa, suplicando a Jesus o encaminhasse à elevação moral. Confiou-o ao Céu, com lágrimas, convencida de que o Mestre divino lhe ampararia a vida jovem.

As orações da devotada criatura foram ouvidas no Alto, porque Levindo, logo depois de arrebatado pelas asas do sono, sonhou que era procurado por um mensageiro espiritual, a exibir largo documento na mão.

Intrigado, o rapaz perguntou-lhe a que devia a surpresa de semelhante visita.

O emissário fitou nele os grandes olhos e respondeu:

— Meu amigo, venho trazer-te a conta dos seres sacrificados, até agora, em teu proveito.

Enquanto o moço arregalava os olhos de assombro, o mensageiro prosseguia:

— Até hoje, para sustentar-te a existência, morreram, aproximadamente, 2.000 aves, 10 bovinos, 50 suínos, 20 carneiros e 3.000 peixes diversos. Nada menos de 60.000 vidas do reino vegetal foram consumidas pela tua, relacionando as do arroz, do milho, do feijão, do trigo, das várias raízes e legumes. Em média calculada, bebeste 3.000 litros de leite, gastaste 7.000 ovos e comeste 10.000 frutas. Tens explorado fartamente as famílias de seres do ar e das águas, de galinheiros e estábulos, pocilgas e redis. O preço dos teus dias nas hortas e pomares vale por uma devastação. Além disso, não relacionamos aqui os sacrifícios maternos, os recursos e doações de teu pai, os obséquios dos amigos e as atenções de vários benfeitores que te rodeiam. Em troca, que fizeste de útil? Não restituíste ainda à natureza a mínima parcela de teu débito imenso. Acreditas, porventura, que o centro do mundo repousa em tuas necessidades individuais e que viverás sem conta nos domínios da Criação? Produze algo de bom, marcando a tua passagem pela Terra. Lembra-te de que a própria erva se encontra em serviço divino. Não permitas que a ociosidade te paralise o coração e desfigure o espírito!...

O moço, espantado, passou a ver o desfile dos animais que havia devorado e, sob forte espanto, acordou...

Amanhecera.

O sol de ouro como que cantava em toda parte um hino glorioso ao trabalho pacífico.

Levindo escapou da cama, correu até à genitora e exclamou:

— Mãezinha, arranje-me serviço! Arranje-me serviço!...

— Oh! meu filho — disse a senhora num transporte de júbilo —, que alegria! Como estou contente!... Que aconteceu?

E o rapaz, preocupado, informou:

— Na noite passada, eu vi a conta da vida.

Daí em diante, converteu-se Levindo num homem honrado e útil.

Neio Lúcio

Faze o dever que te cabe,
Sem lamentos, sem demoras.
Na Terra, ninguém consegue
Parar o motor das horas.

Jovino Guedes

Quem constrói, quem cose e lava,
Quem ara, quem planta e fia
Estende os clarões do Céu
No campo de cada dia.

Casimiro Cunha

Sem trabalho digno, o tédio apodrecerá suas energias.

André Luiz

20 Da justiça
Verdugo e vítima

O rio transbordava.

Aqui e ali, na crista espumosa da corrente pesada, boiavam animais mortos ou deslizavam toras e ramarias.

Vazantes em torno davam expansão ao crescente lençol de massa barrenta.

Famílias inteiras abandonavam casebres, sob a chuva, carregando aves espantadiças, quando não estivessem puxando algum cavalo magro.

Quirino, o jovem barqueiro, que 26 anos de sol no sertão haviam enrijado de todo, ruminava plano sinistro.

Não longe, em casinhola fortificada, vivia Licurgo, conhecido usurário das redondezas.

Todos o sabiam proprietário de pequena fortuna a que montava guarda, vigilante.

Ninguém, no entanto, poderia avaliar-lhe a extensão, porque, sozinho, envelhecera e, sozinho, atendia às próprias necessidades.

"O velho" — dizia Quirino de si para consigo — "será atingido na certa. É a primeira vez que surge uma cheia como esta. Agarrado aos próprios haveres, será levado de roldão... E se as águas devem acabar com tudo, por que não me beneficiar? O homem já passou dos setenta... Morrerá a qualquer hora. Se não for hoje, será amanhã, depois de amanhã... E o dinheiro guardado? Não poderia servir para mim, que estou moço e com pleno direito ao futuro?..."

O aguaceiro caía sempre, na tarde fria.

O rapaz, hesitante, bateu à porta da choupana molhada.

— "Seu" Licurgo! "Seu" Licurgo!...

E, ante o rosto assombrado do velhinho que assomara à janela, informou:

— Se o senhor não quer morrer, não demore. Mais um pouco de tempo e as águas chegarão. Todos os vizinhos já se foram...

— Não, não... — resmungou o proprietário —, moro aqui há muitos anos. Tenho confiança em Deus e no rio... Não sairei.

— Venho fazer-lhe um favor...

— Agradeço, mas não sairei.

Tomado de criminoso impulso, o barqueiro empurrou a porta mal fechada e avançou sobre o velho, que procurou em vão reagir.

— Não me mate, assassino!

A voz rouquenha, contudo, silenciou nos dedos robustos do jovem.

Quirino largou para um lado o corpo amolecido, como traste inútil, arrebatou pequeno molho de chaves do grande cinto e, em seguida, varejou todos os escaninhos...

Gavetas abertas mostravam cédulas mofadas, moedas antigas e diamantes, sobretudo diamantes.

Enceguecido de ambição, o moço recolhe quanto acha.

A noite chuvosa descera completa...

Quirino toma os despojos da vítima num cobertor e, em minutos breves, o cadáver mergulha no rio.

Logo após, volta à casa despovoada, recompõe o ambiente e afasta-se, enfim, carregando a fortuna.

Passado algum tempo, o homicida não vê que uma sombra se lhe esgueira à retaguarda.

É o Espírito de Licurgo que acompanha o tesouro.

Pressionado pelo remorso, o barqueiro abandona a região e instala-se em grande cidade, com pequena casa comercial, e casa-se, procurando esquecer o próprio arrependimento, mas recebe o velho Licurgo, reencarnado, por seu primeiro filho...

Irmão X

*Se queres viver contente
No doce clima da paz,
Nunca dês um passo à frente,
Deixando culpas atrás.*

Souza Lobo

*Se queres felicidade
No campo que te rodeia,
Nunca entreteças teu ninho
Em galho de dor alheia.*

Fócion Caldas

O dever possui as bênçãos da confiança, mas a dívida tem os fantasmas da cobrança.

André Luiz

Logo após, volta à casa despovoada, recompõe o ambiente e
ainsla-se, enfim, carregando a fortuna.
Passado algum tempo, o homicida não vê que uma sombra se
lhe esgueira à retaguarda.
É o Espírito de Licurgo que acompanha o tesouro.
Pressionado pelo remorso, o barqueiro abandona a região e
instala-se em grande cidade, com pequena casa comercial, e casa se,
procurando esquecer o próprio atrevimento, mas recebe o velho
Licurgo, reencarnado, por seu primeiro filho.

IRMÃO X

IX

Se queres viver contente
Se doce clima de paz,
Nunca dês um passo à frente,
Deixando culpas atrás.

SOUZA LOBO

XX

Se queres felicidade
No campo que te rodeia,
Nunca entretas teu milho
Em galho de dor alheia.

LÉGION CALDAS

XX

O dever possui as bênçãos da confiança, mas a dúvida
tem os fantasmas da cobrança.

ANDRÉ LUIZ

21 Da tolerância
Mesmo ferido

O rapaz fora rudemente esbofeteado num baile. Em sã consciência, não sentia culpa alguma. Nada fizera que pudesse ofender. Por mera desconfiança, o agressor esmurrara-lhe o rosto. "Covarde, covarde" — haviam dito os circunstantes. Ele, porém, limpando a face sanguinolenta, compreendeu que, desarmado, não seria prudente medir forças. Jurara, porém, vingar-se. E, agora, munido de um revólver, aguardava ocasião. Um amigo, no entanto, percebendo-lhe a alma sombria, instou muito e conduziu-o a uma reunião da Doutrina Espírita.

Desinteressado, ouviu preces e pregações, comentários e apontamentos edificantes.

Ao término da sessão, porém, um amigo espiritual, pela mão de um dos médiuns presentes, escreveu bela página sobre o perdão, na qual surgiam afirmações como estas:

- A justiça real vem de Deus.
- Ninguém precisa vingar-se.
- Mesmo ferido, serve e perdoa.
- A corrigenda do ofensor pode ser amanhã.

O jovem ouviu atentamente e saiu pensando, pensando...

Na manhã seguinte, topou, face a face, o desafeto, mas recordou a lição e conteve-se. Por uma semana se repetiu o reencontro, e, por sete vezes, freou-se prudentemente.

Dias depois, porém, retornando ao trabalho, encontra um enterro e descobre-se. Só então vem a saber que o grande esmurrador, aquele que o ferira, morrera na véspera, picado por escorpião.

HILÁRIO SILVA

No caminho para o Céu,
Por lei, em qualquer lugar,
O tempo mais importante
É o tempo de perdoar.

LOBO DA COSTA

Eis a norma da vingança
De formação garantida:
Desculpar sem condições
A quem nos golpeia a vida.

AUGUSTO DE OLIVEIRA

Não estrague o seu dia. Aprenda, com a Sabedoria Divina, a desculpar infinitamente, construindo e reconstruindo sempre para o infinito Bem.

ANDRÉ LUIZ

22 Da conversação
A caridade desconhecida

A conversação em casa de Pedro versava, nessa noite, sobre a prática do bem, com a viva colaboração verbal de todos.

Como expressar a compaixão, sem dinheiro? Por que meios incentivar a beneficência, sem recursos monetários?

Com essas interrogativas, grandes nomes da fortuna material eram invocados e a maioria inclinava-se a admitir que somente os poderosos da Terra se encontravam à altura de estimular a piedade ativa, quando o Mestre interferiu, opinando, bondoso:

— Um sincero devoto da Lei foi exortado por determinações do Céu ao exercício da beneficência; entretanto, vivia em pobreza extrema e não podia, de modo algum, retirar a mínima parcela de seu salário para o socorro aos semelhantes. Em verdade, dava de si mesmo, quanto possível, em boas palavras e gestos pessoais de conforto e estímulo a quantos se achavam em sofrimento e dificuldade; porém, magoava-lhe o coração a impossibilidade de distribuir agasalho e pão com os andrajosos e famintos à margem de sua estrada.

Rodeado de filhinhos pequeninos, era escravo do lar que lhe absorvia o suor.

Reconheceu, todavia, que, se lhe era vedado o esforço na caridade pública, podia perfeitamente guerrear o mal, em todas as circunstâncias de sua marcha pela Terra.

Assim é que passou a extinguir, com incessante atenção, todos os pensamentos inferiores que lhe eram sugeridos; quando em contato com pessoas interessadas na maledicência, retraía-se, cortês, e, em respondendo a alguma interpelação direta, recordava essa ou aquela pequena virtude da vítima ausente; se alguém, diante dele, dava pasto à cólera fácil, considerava a ira como enfermidade digna de tratamento e recolhia-se à quietude; insultos alheios batiam-lhe no espírito à maneira de calhaus em barril de mel, porquanto, além de não reagir, prosseguia tratando o ofensor com a fraternidade habitual; a calúnia não encontrava acesso em sua alma, de vez que toda denúncia torpe se perdia, inútil, em seu grande silêncio; anotando ameaças sobre a tranquilidade de alguém, tentava desfazer as nuvens da incompreensão, sem alarde, antes que assumissem feição tempestuosa; se alguma sentença condenatória bailava em torno do próximo, mobilizava, espontâneo, todas as possibilidades ao seu alcance na defesa delicada e imperceptível; seu zelo contra a incursão e a extensão do mal era tão fortemente minucioso que chegava a retirar detritos e pedras da via pública, para que não oferecessem perigo aos transeuntes.

Adotando essas diretrizes, chegou ao termo da jornada humana, incapaz de atender às sugestões de beneficência que o mundo conhece. Jamais pudera estender uma tigela de sopa ou ofertar uma pele de carneiro aos irmãos necessitados.

Nessa posição, a morte buscou-o ao tribunal divino, onde o servidor humilde compareceu receoso e desalentado. Temia o julgamento das autoridades celestes, quando, de improviso, foi aureolado por brilhante diadema, e, porque indagasse, em lágrimas, a razão do inesperado prêmio, foi informado de que a sublime recompensa se referia à sua triunfante posição na guerra contra o mal, em que se fizera valoroso empreiteiro.

Fixou o Mestre nos aprendizes o olhar percuciente e calmo e concluiu, em tom amigo:

— Distribuamos o pão e a cobertura, acendamos luz para a ignorância e intensifiquemos a fraternidade, aniquilando a discórdia, mas não nos esqueçamos do combate metódico e sereno contra o mal, em esforço diário, convictos de que, nessa batalha santificante, conquistaremos a divina coroa da caridade desconhecida.

Neio Lúcio

Triunfa, em qualquer lugar,
Quem conserva por dever
O hábito de calar
O que é preciso esquecer.

Marcelo Gama

A vida, nas Leis da Vida,
Em tudo se mostrará,
Tirando o que se lhe tira,
Doando o que se lhe dá.

Silveira Carvalho

***

Sua conversação dirá das diretrizes que você escolheu na vida.

André Luiz

23 Da reclamação
A petição de Jesus

...E Jesus, retido por deveres constrangedores, junto da multidão, em Cafarnaum, falou a Simão, num gesto de bênção:

— Vai, Pedro! Peço-te!... Vai à casa de Jeremias, o curtidor, para ajudar. Sara, a filha dele, prostrada no leito, tem a cabeça conturbada e o corpo abatido... Vai sem delonga, ora ao lado dela, e o Pai, a quem rogamos apoio, socorrerá a doente por tuas mãos.

Na manhã ensolarada, pôs-se o discípulo em marcha, entusiasmado e sorridente com a perspectiva de servir. À tarde, quando o Sol cedia as últimas posições à sombra noturna, vinha de retorno enunciando inquietação e pesar no rosto áspero.

— Ah! Senhor! — disse ao Mestre, que lhe escutava os apontamentos. — Todo esforço baldado, tudo em vão!...

— Como assim?

E o Apóstolo explicou amargamente, qual se fora um odre de fel a derramar-se:

— A casa de Jeremias é um antro de perdição... Antes fosse um pasto selvagem. O abastado curtidor é um homem que ajuntou dinheiro, a fim de corromper-se. De entrada, dei com ele bebericando vinho num paiol, a cuja porta bati, na esperança de obter informações para demandar o recinto doméstico. Não parecia um patriarca e sim um gozador desavergonhado. Sentava-se na palha de trigo e, de momento a momento, colava os lábios ao gargalo de pesada botelha, desferindo gargalhadas, ao pé de serva bonita e jovem, que se refestelava no chão, positivamente embriagada... Ao receber-me, começou perguntando quantos piolhos trago à cabeça e acabou mandando-me ao primogênito... Saí à procura de Zoar, o filho mais idoso, e achei-o, enfurecido, no jogo de dados em que perdia largas somas para conhecido traficante de Jope. Acolheu-me aos berros, explicando que a sorte da irmã não lhe despertava o menor interesse... Por fim, expulsou-me aos coices, dando a ideia de uma besta-fera solta no campo... Afastava-me, apressado, quando esbarrei com a dona da casa. Dei-lhe a razão de minha presença; contudo, antes de atender-me, passou a espancar esquelética menina, alegando que a criança lhe havia surrupiado um figo, enquanto a pequena chorosa tentava esclarecer que a fruta havia sido devorada por galos de estimação... Somente após ensanguentar a vítima, resolveu a megera designar o aposento em que poderia avistar-me com a filha enferma...

Ante o olhar melancólico do ouvinte, o discípulo prosseguiu:

— A dificuldade, porém, não ficou nisso... Visivelmente transtornada por bagatela, a velha sovina errou na indicação, pois entrei numa alcova estreita, onde fui defrontado por Josué, o filho mais moço do curtidor, que mergulhava a mão num cofre de joias. Desagradavelmente surpreendido, fez-se amarelo de raiva, acreditando decerto que eu não passava de alguém a serviço da família, a fim de espionar-lhe os movimentos. Quando ergueu o braço para esmurrar-me, supliquei-lhe considerasse a minha situação de visitante em missão de paz e socorro fraterno... Embora contrafeito, conduziu-me ao quarto da irmã... Ah! Mestre, que tremenda desilusão!... Não duvido de que se trata de uma doente, mas, logo que me viu, a estranha criatura se tornou inconveniente, articulando gestos indecorosos e pronunciando frases indignas... Não aguentei mais... Fugi, horrorizado, e regressei pelo mesmo caminho...

Observando que o Amigo sublime se resguardava, triste e silencioso, volveu Simão, após comprido intervalo:

— Senhor, não fui, acaso, bastante claro? Porventura, não terei procurado cumprir-te honestamente os desejos? Seria justo, Mestre, pronunciar o nome de Deus, ali, entre vício e deboche, avareza e obscenidade?

Jesus, porém, depois de fitar longamente o céu, a inflamar-se de lumes distantes, fixou no companheiro o olhar profundamente lúcido e falou com serenidade:

— Pedro, conheço Jeremias, a esposa e os filhos, há muito tempo!... Quando te incubi de ir ao encontro deles, apenas te pedi para auxiliar!...

IRMÃO X

Conversa com caridade,
Alma irmã, alma sincera!...
Às vezes uma palavra
É tudo o que a gente espera.

ANTÔNIO AZEVEDO

Ofensor é uma pessoa
Que Deus manda, de imprevisto,
Para ver nossa atitude
No ensino de Jesus Cristo.

SILVEIRA CARVALHO

Quando encontrares Jesus nos irmãos de toda parte,
Jesus tomar-te-á para companheiro, em qualquer lugar.

MARIANO JOSÉ PEREIRA DA FONSECA

24 Do pessimismo
O santo desiludido

Inclinara-se a palestra, no lar humilde de Cafarnaum, para os assuntos alusivos à devoção, quando o Mestre narrou com significativo tom de voz:

— Um venerado devoto retirou-se, em definitivo, para uma gruta isolada, em plena floresta, a pretexto de servir a Deus. Ali vivia, entre orações e pensamentos que julgava irrepreensíveis, e o povo, crendo tratar-se de um santo messias, passou a reverenciá-lo com intraduzível respeito. Se alguém pretendia efetuar qualquer negócio do mundo, dava-se pressa em buscar-lhe o parecer. Fascinado pela consideração alheia, o crente, estagnado na adoração sem trabalho, supunha dever situar toda gente em seu modo de ser, com a respeitável desculpa de conquistar o paraíso.

Se um homem ativo e de boa-fé lhe trazia à apreciação algum plano de serviço comercial, ponderava escandalizado:

— É um erro. Apague a sede de lucro que lhe ferve nas veias. Isto é ambição criminosa. Venha orar e esquecer a cobiça.

Se esse ou aquele jovem lhe rogava opinião sobre o casamento, clamava aflito:

— É um disparate. A carne está submetendo o seu espírito. Isto é luxúria. Venha orar e consumir o pecado.

Quando um ou outro companheiro lhe implorava conselho acerca de algum elevado encargo, na administração pública, exclamava, compungido:

— É um desastre. Afaste-se da paixão pelo poder. Isto é vaidade e orgulho. Venha orar e vencer os maus pensamentos.

Surgindo pessoa de bons propósitos, reclamando-lhe a opinião quanto a alguma festa de fraternidade em projeto, objetava, irritadiço:

— É uma calamidade. O júbilo do povo é desregramento. Fuja à desordem. Venha orar, subtraindo-se à tentação.

E assim, cada consulente, em vista da imensa autoridade que o santo desfrutava, se entristecia de maneira irremediável e passava a partilhar-lhe os ócios na soledade, em absoluta paralisia da alma.

O tempo, todavia, que tudo transforma, trouxe ao preguiçoso adorador a morte do corpo físico.

Todos os seguidores dele o julgaram arrebatado ao Céu, e ele mesmo acreditou que, do sepulcro, seguiria direto ao paraíso. Com inexcedível assombro, porém, foi conduzido por forças das trevas a terrível purgatório de assassinos. Em pranto desesperado indagou, à vista de semelhante e inesperada aflição, dos motivos que lhe haviam sitiado o Espírito em tão pavoroso e infernal torvelinho, sendo esclarecido que, se não fora homicida vulgar na Terra, era ali identificado como matador da coragem e da esperança em centenas de irmãos em Humanidade.

Silenciou Jesus, mas João, muito admirado, considerou:

— Mestre, jamais eu poderia supor que a devoção excessiva conduzisse alguém a infortúnio tão grande!

O Cristo, porém, respondeu, imperturbável:

— Plantemos a crença e a confiança entre os homens, entendendo, entretanto, que cada criatura tem o caminho que lhe é próprio. A fé sem obras é uma lâmpada apagada. Nunca nos esqueçamos de que o ato de desanimar os outros, nas santas aventuras do bem, é um dos maiores pecados diante do poderoso e compassivo Senhor.

NEIO LÚCIO

Artigo da Lei Celeste
Para a vitória do bem:
Não arredes a esperança
Do coração de ninguém.

OSCAR BATISTA

Verdade que nós devemos
Examinar face a face:
— Deus não criou coisa alguma
Que um dia desamparasse.

ANTÔNIO DE CASTRO

Diante do bem, não pronuncies a palavra "impossível".

MEIMEI

25 Do medo
O golpe de vento

Ali, na solidão do quarto de estudo, Joanino Garcia descerrara a grande janela, à procura de ar fresco.

Repousara minutos breves.

Agora, porém, acreditava ter chegado ao fim.

Julgara haver lido numa obra de clínica médica a própria sentença de morte.

Facilmente sugestionável, há muito vinha dando imenso trabalho ao médico.

E, não obstante espírita convicto, deixava-se levar por impressões.

Em menos de dois anos, sentira-se vitimado por sintomas diversos.

A princípio, dominado por bronquite rebelde, compulsara um livro sobre tuberculose e supusera-se viveiro dos bacilos de Koch.

Tempo e dinheiro foram gastos em exames e chapas.

Entretanto, mal não acabara de se convencer do contrário, quando, numa noite, ao sentir-se trêmulo, sob o efeito de determinada droga, começou a estudar a doença de Parkinson e foi nova luta para que lhe desanuviassem o crânio.

Joanino mostrara-se contente por alguns dias; entretanto, uma intoxicação alterou-lhe a pele e ei-lo crente de que fora atacado pela púrpura hemorrágica, obrigando o médico e a família a difícil trabalho de exoneração mental.

Naquele instante, contudo, via-se derrotado.

Experimentando muita dor, buscara o consultório na antevéspera e o clínico amigo descobrira uma artrite reumatóide, recomendando cuidados especiais.

No grande sofá, depois de leve refeição, ao sentir pontadas relampagueantes no ombro esquerdo, tomou o livro de anotações médicas e abriu no capítulo alusivo à moléstia que lhe fora diagnosticada.

Antes de iniciar a leitura, levantou-se com dificuldade, para um gole d'água, tentando aliviar as agulhadas nervosas, e não viu que o vento virara as folhas do volume.

Voltando, sobressaltado leu nas primeiras linhas da página:

"A moléstia assume a forma de dor pungente e agoniante. Geralmente a crise perdura por segundos e termina com a morte. Sofrimento agudo e invencível. A dor começa no ombro esquerdo a refletir-se na superfície flexora do braço esquerdo até às pontas dos dedos médios".

Joanino rendeu-se.

Quis gritar, pedir socorro, mas a "dor agoniante", ali referida, crescia, assustadora.

Pensou na mulher e nos quatro filhinhos.

Suava.

Afligia-se como que sufocado.

Não podendo resistir, por mais tempo, aos próprios pensamentos concentrados na ideia da desencarnação, rendeu-se à morte.

Despertando, porém, fora do corpo de carne, afogado em preocupações, ao pé dos familiares em chorosa gritaria, viu o benfeitor espiritual que velava habitualmente por ele.

O amigo abraçou-o emocionado, e falou:

— É lamentável que você tenha vindo antes do tempo...

— Como assim? — respondeu Garcia, arrasado. — Li os sintomas derradeiros de minha enfermidade.

— Houve engano — explicou o instrutor —, os apontamentos do livro reportavam-se à angina de peito e não à artrite reumatóide como a sua leitura fez supor. A corrente de ar virou a página do livro. Você possuía, em verdade, um processo anginoso, mas com quatorze anos de sobrevida... Entretanto, com o peso de sua tensão mental...

Só aí Joanino veio a saber que morrera, de modo prematuro, em razão da sensibilidade excessiva, ante a leitura alterada por ligeiro golpe de vento.

Hilário Silva

Marujo domina o mar
Remando contra a maré.
Sem sofrimento na vida,
Ninguém sabe se tem fé.

Teotônio Freire

Teme apenas a ti mesmo
Na esfera de teu dever.
Quem se amedronta consigo
Nada mais tem a temer.

Casimiro Cunha

Para o homem iluminado a estrada não tem sombras.

Mariano José Pereira da Fonseca

26 Da cólera
O grito de cólera

Lembra-se do instante em que gritou fortemente, antes do almoço.

Por insignificante questão de vestuário, você pronunciou palavras feias em voz alta, desrespeitando a paz doméstica.

Ah! meu filho, quantos males foram atraídos por seu gesto de cólera!...

A mamãe, muito aflita, correu para o interior, arrastando atenções de toda a casa. Voltou-lhe a dor de cabeça e o coração tornou a descompassar-se.

As duas irmãs, que cuidavam da refeição, dirigiram-se precipitadamente para o quarto, a fim de socorrê-la, e duas terças partes do almoço ficaram inutilizadas.

Em razão das circunstâncias provocadas por sua irreflexão, o papai, muito contrariado, foi compelido a esperar mais tempo em casa, chegando ao serviço com grande atraso.

Seu chefe não estava disposto a tolerar-lhe a falta e recebeu-o com repreensão áspera.

Quem o visse, ereto e digno, a sofrer essa pena, em virtude da sua leviandade, sentiria compaixão, porque você não passa de um jovem necessitado de disciplina, e ele é um homem de bem, idoso e correto, que já venceu muitas tempestades para amparar a família e defendê-la. Humilhado, suportou as consequências de seu gesto impulsivo, por vários dias, observado na oficina qual se fora um menino vadio e imprudente.

Os resultados de sua gritaria foram, porém, mais vastos.

A mãezinha piorou e o médico foi chamado.

Medicamentos de alto preço, trazidos às pressas, impuseram vertiginosa subida às despesas, e o papai não conseguiu pagar todas as contas de armazém, farmácia e aluguel de casa.

Durante seis meses, toda a sua família lutou e solidarizou-se para recompor a harmonia quebrada, desastradamente, por sua ira infantil.

Cento e oitenta dias de preocupações e trabalhos árduos, sacrifícios e lágrimas! Tudo porque você, incapaz de compreender a cooperação alheia, se pôs a berrar, inconscientemente, recusando a roupa que lhe não agradava.

Pense na lição, meu filho, e não repita a experiência.

Todos estamos unidos, reciprocamente, através de laços que procedem dos desígnios divinos. Ninguém se reúne ao acaso. Forças superiores impelem-nos uns para os outros, de modo a aprendermos a ciência da felicidade, no amor e no respeito mútuos.

O golpe do machado derruba a árvore de vez.

A ventania destrói um ninho de momento para outro.

A ação impensada de um homem, todavia, é muito pior.

O grito de cólera é um raio mortífero que penetra o círculo de pessoas em que foi pronunciado e aí se demora, indefinidamente, provocando moléstias, dificuldades e desgostos.

Por que não aprende a falar e a calar, em benefício de todos?

Ajude em vez de reclamar.

A cólera é força infernal que nos distancia da paz divina.

A própria guerra, que extermina milhões de criaturas, não é senão a ira venenosa de alguns homens que se alastra, por muito tempo, ameaçando o mundo inteiro.

Neio Lúcio

Quem não crê na obediência
E ao descontrole se aninha,
Olhe um comboio apressado
Quando sai fora da linha.

Ulisses Bezerra

Deste preceito não fujo
Para saber com verdade:
Só se conhece marujo
Na hora da tempestade.

Milton da Cruz

As suas reclamações, ainda mesmo afetivas, jamais acrescentarão nos outros um só grama de simpatia por você.

André Luiz

27 Da intempestividade
Quinze minutos

1

Aristeu Leite era antigo lidador da Doutrina Espírita.
Assíduo cliente das sessões.
Dono de belas palestras. Edificava maravilhosamente os ouvintes.
Bom leitor.
Correspondente de instituições distintas.
Mantinha com veemência o culto do Evangelho no lar.
Extremamente caridoso. Visitava, cada fim de semana, vários núcleos beneficentes.

2

Naquela sexta-feira foi para casa, exultante.

Vivera um dia pleno de trabalho, coroado à noite pela oração ao pé dos amigos.

Entrou. Serviu-se de pequena porção de leite e, logo após, dirigiu-se ao quarto de dormir, onde a esposa e as filhinhas repousavam.

Preparou-se para o sono.

Sentia, porém, necessidade de meditação e voltou à sala adjacente.

Abriu pequeno volume e releu este trecho:

"O cristão é testado, a cada instante, em sua fé, pelos acontecimentos naturais do caminho.

Por isso mesmo, a oração e a vigilância, recomendadas pelo divino Mestre, constituem elementos indispensáveis para que estejamos serenos e valorosos nas menores ações da vida.

Em razão disso, confie na Providência maior, busque a benignidade e seja otimista.

A caridade, acima de tudo, é infatigável amor para todos os infelizes. Por ela, encontraremos a porta de nossa renovação espiritual.

Acalme-se, pois, sejam quais forem as circunstâncias, e ajude a todos os seres da Criação, na certeza de que estará ajudando a si mesmo".

Aristeu fechou o livro, confortado, e refletiu: "Estou satisfeito. Vivi bem o meu dia. Continuarei imperturbável. Auxiliarei a todos. Estou firme. Louvado seja Deus".

Sem dúvida, sentia-se mais senhor de si.

Realizava-se. E, em voo mais alto de superestimação do próprio valor, acreditou-se em elevado grau de ascensão íntima.

Nesse estado d`alma, proferiu breve oração e consultou o despertador. Uma e quinze da madrugada.

Apagou a luz e recolheu-se.

3

Penetrava de leve os domínios do sono, quando acordou sobreexcitado.

Alguém pressionava de manso a porta.

A esposa despertou trêmula.
Aterrada, não conseguia sequer falar.
Aristeu, descontrolado, pôde apenas balbuciar:
— Psiu, psiu... Ladrão em casa.
Lembrou-se, num átimo, de antigo revólver carregado, em gaveta de seu exclusivo conhecimento.
Deslizou, à feição de gato.
E porque o rumor aumentasse, disparou dois tiros contra o suposto intruso.
Dispunha-se a continuar, quando voz carinhosa exclamou assustadiça:
— Meu filho! Meu filho! Sou eu, seu pai! Sou eu! Sou eu!...
Desfez-se o tremendo engano.
O genitor do chefe da casa viera de residência contígua. Possuindo as chaves domésticas, não vacilara, aflito, em vir rogar ao filho socorro médico para a esposa acamada, com febre alta.
Algazarra.
Vizinhos em cena.
Meninas em choro de grande grito.
Aristeu, envergonhado, abraçava o pai saído incólume, e explicava aos circunstantes o acontecido.
Enquanto revirava pequena farmácia familiar, procurando um calmante, deu uma olhadela no relógio.
Uma e meia da manhã.
Entre os votos solenes e a ação intempestiva que praticara, havia somente o espaço de quinze minutos...

Hilário Silva

A fortaleza mais firme,
Inda que o lodo a degrade,
É o claro conhecimento
De nossa debilidade.

Lobo da Costa

Vigia as próprias ideias!...
Nada existe, por sinal,
Que o pensamento não possa
Tomar por bem ou por mal.

ARTUR CANDAL

Ajude sempre.
Não tema.
Jamais desespere.
Aprenda incessantemente.

ANDRÉ LUIZ

28 Da enfermidade
Doentes e doenças

O respeito aos doentes é dever inatacável, mas vale descrever a ligeira experiência para a nossa própria orientação.

Penetráramos o nosocômio, acompanhando um assistente espiritual que ingressava no serviço pela primeira vez, e, por isso mesmo, era, ali, tão adventício em matéria de enfermagem, quanto eu próprio.

Atender a quatro irmãos encarnados sofredores, o nosso encargo inicial nas tarefas do magnetismo curativo. Designá-los-emos por números.

Em arejado aposento, abeiramo-nos deles, depois de curta oração.

O amigo de número um arfava em constrangedora dispneia, suplicando em voz baixa:

— Valei-me, Senhor!... Ai Jesus!... ai Jesus!... Socorrei-me! Ó divino Salvador!... curai-me e já não desejarei no mundo outra coisa senão servir-vos!...

O segundo implorava, sob as dores abdominais em que se contorcia:

— Ó meu Deus, meu Deus!... Tende misericórdia de mim!... Concedei-me a saúde e procurarei exclusivamente a vossa vontade...

Aproximamo-nos do terceiro, que, mal aguentando tremenda cólica renal em recidiva, tartamudeava ao impacto de pesado suor:

— Piedade, Jesus!... Salvai-me!... Tenho mulher e quatro filhos... Salvai-me e prometo ser-vos fiel até a morte!...

Por fim, clamava o de número quatro, carregando severa crise de artrite reumatóide:

— Jesus! Jesus!... Ó divino Médico!... Atendei-me!... Amparai-me!... Dai-me a saúde, Senhor, e dar-vos-ei a vida!...

Nosso orientador enterneceu-se. Comovia-nos, deveras, ouvir tão carinhosas referências a Deus e ao Cristo, tantos apelos com inflexão de confiança e ternura.

Sensibilizados, pusemo-nos em ação.

O chefe esmerou-se.

Exímio conhecedor de ondas e fluidos, consertou vísceras aqui, sanou disfunções ali, renovou células mais além e o resultado não se fez esperar. Recuperação quase integral para todos. Entramos em prece, agradecendo ao Senhor a possibilidade de veicular-lhe as bênçãos.

No dia imediato, quando voltamos ao hospital, pela manhã, o quadro era diverso.

Melhorados com segurança, os doentes já nem se lembravam do nome de Jesus.

O enfermo de número um se reportava, exasperado, ao irmão que faltara ao compromisso de visitá-lo na véspera:

— Aquele malandro pagará!... Já estou suficientemente forte para desancá-lo... Não veio como prometeu, porque me deve dinheiro e naturalmente ficará satisfeito em saber-me esquecido e morto...

O segundo esbravejava:

— Ora essa!... Por que me vieram perguntar se eu queria orações? Já estou farto de rezar... Quero alta hoje!... Hoje mesmo!... E se a situação em casa não estiver segundo penso, vai haver barulho grosso!

O terceiro reclamava:

— Quem falou aqui em religião? não quero saber disso... Chamem o médico...

E gritando para a enfermeira que assomara à porta:

— Moça, se minha mulher telefonar, diga que sarei e que não estou...

O doente de número quatro vociferava para a jovem que trouxera o lanche matinal:

— Saia de minha frente com seu café requentado, antes que eu lhe dê com este bule na cara!...

Atônitos, diante da mudança havida, recorremos à prece, e o supervisor espiritual da instituição veio até nós, diligenciando consolar-nos e socorrer-nos.

Após ouvir a exposição do mentor que se responsabilizara pelas bênçãos recebidas, esclareceu, bem-humorado:

— Sim, vocês cometeram pequeno engano. Nossos irmãos ainda não se acham habilitados para o retorno à saúde, com o êxito desejável. Imprescindível baixar a taxa das melhoras efetuadas...

E, sem qualquer delonga, o superior podou energias aqui, diminuiu recursos ali, interferiu em determinados centros orgânicos mais além, e, com grande surpresa para o nosso grupo socorrista, os irmãos enfermos, com ligeiras alterações para a melhoria, foram restituídos ao estado anterior, para que não lhes viesse a ocorrer coisa pior.

IRMÃO X

Deus pôs a dor entre os homens,
Andando de déu em déu,
Para indicar o caminho
Que leva às portas do Céu.

COLOMBINA

As penas chegam depressa
E vão-se devagarinho,
Pois somos sempre nós mesmos
Quem lhes prepara o caminho.

Sabino Batista

Não há cura para as nossas doenças da alma, quando nossa alma não se rende ao impositivo de recuperar a si mesma.

Bezerra de Menezes

29 Do desânimo
O poder das trevas

Centralizando-se a palestra no estudo das tentações, contou Jesus, sorridente:

— Um valoroso servidor do Pai movimentava-se, galhardamente, em populosa cidade de pecadores, com tamanho devotamento à fé e à caridade, que os Espíritos do mal se impacientaram em contemplando tanta abnegação e desprendimento. Depois de lhe armarem os mais perigosos laços, sem resultado, enviaram um representante ao Gênio das Trevas, a fim de ouvi-lo a respeito.

Um companheiro de consciência enrijecida recebeu a incumbência e partiu.

O Grande Adversário escutou o caso, atenciosamente, e recomendou ao diabo menor que apresentasse sugestões.

O subordinado falou, com ênfase:

— Não poderíamos despojá-lo de todos os bens?

— Isto, não — disse o perverso orientador —, para um servo dessa têmpera, a perda dos recursos materiais é libertação. Encontraria, assim, mil meios diferentes para aumentar suas contribuições à humanidade.

— Então, castigar-lhe-emos a família, dispersando-a e constrangendo-lhe os filhos a enchê-lo de opróbrio e ingratidão... — aventou o pequeno perturbador, reticencioso.

O perseguidor maior, no entanto, emitiu gargalhada franca e objetou:

— Não vês que, desse modo, se integraria facilmente com a família total que é a multidão?

O embaixador, desapontado, acentuou:

— Será talvez conveniente lhe flagelemos o corpo; crivá-lo-emos de feridas e aflições.

— Nada disso — acrescentou o gênio satânico —, ele acharia meios de afervorar-se na confiança e aproveitaria o ensejo para provocar a renovação íntima de muita gente, pelo exercício da paciência e da serenidade na dor.

— Movimentaremos a calúnia, a suspeita e o ódio gratuito dos outros contra ele! — clamou o emissário.

— Para quê? — tornou o Espírito das sombras. — Transformar-se-ia num mártir, redentor de muitos. Valer-se-á de toda perseguição para melhor engrandecer-se, diante do Céu.

Exasperado, agora, o demônio menor aduziu:

— Será, enfim, mais aconselhável que o assassinemos sem piedade...

— Que dizes? — redarguiu a inteligência perversa. — A morte ser-lhe-ia a mais doce bênção, por conduzi-lo às claridades do paraíso.

E vendo que o aprendiz vencido se calava, humilde, o Adversário maior fez expressivo movimento de olhos e aconselhou, loquaz:

— Não sejas tolo. Volta e dize a esse homem que ele é um zero na Criação, que não passa de mesquinho verme desconhecido... Impõe-lhe o conhecimento da própria pequenez, a fim de que jamais se engrandeça, e verás...

O enviado regressou satisfeito e pôs em prática o método recebido.

Rodeou o valente servidor com pensamentos de desvalia, acerca de sua pretendida insignificância, e desfechou-lhe perguntas mentais como estas: "como te atreves a admitir algum valor em tuas obras destinadas ao pó? Não te sentes simples joguete de paixões inferiores da carne? Não te envergonhas da animalidade que trazes no ser? Que pode um grão de areia perdido no deserto? não te reconheces na posição de obscuro fragmento de lama?".

O valoroso colaborador interrompeu as atividades que lhe diziam respeito e, depois de escutar longamente as perigosas insinuações, olvidou que a oliveira frondosa começa no grelo frágil, e deitou-se, desalentado, no leito do desânimo e da humilhação, para despertar somente na hora em que a morte lhe descortinava o infinito da vida.

Silenciou Jesus, contemplando a noite calma...

Simão Pedro pronunciou uma prece sentida e os apóstolos, em companhia dos demais, se despediram, nessa noite, cismarentos e espantadiços.

Neio Lúcio

O homem que se aborrece
Clamando fastio, a esmo,
Encontrou tempo excessivo
Para cuidar de si mesmo.

Casimiro Cunha

Pensamento lapidar
Que não se pode esquecer:
Quem para de trabalhar
Começa logo a morrer.

Leôncio Correia

Lembre-se de que você mesmo é:
o melhor secretário de sua tarefa,
o mais eficiente propagandista de seus ideais,
a mais clara demonstração de seus princípios,
o mais alto padrão do ensino superior que seu espírito abraça,
e a mensagem viva das elevadas noções que você transmite aos outros.

André Luiz

30 Da crítica
Num domingo de calor

Benedita Fernandes, abnegada fundadora da Associação das Senhoras Espíritas Cristãs, de Araçatuba, no estado de São Paulo, foi convidada para uma reunião de damas consagradas à caridade, para exame de vários problemas ligados a obras de assistência. E porque se dedicava, particularmente, aos obsidiados e doentes mentais, não pôde esquivar-se.

Entretanto, a presença da conhecida missionária causa espécie.

O domingo era de imenso calor e Benedita ostentava compacto mantô de lã, apenas compreensível em tempo de frio.

— Mania! — cochichava alguém, a pequena distância.

— De tanto lidar com malucos, a pobre espírita enlouqueceu... — dizia elegante senhora à companheira de poltrona, em tom confidencial.

— Isso é pura vaidade — falou outra —, ela quer parecer diferente.

— Caso de obsessão! — certa amiga lembrou em voz baixa.

Benedita, porém, opinava nos temas propostos, cheia de compreensão e de amor.

Em meio aos trabalhos, contudo, por notar agitações na assembleia, a presidente alegou que Benedita suava por todos os poros, e, em razão disso, rogou a ela tirasse o manto por gentileza.

Benedita Fernandes, embora constrangida, obedeceu com humildade e só aí as damas presentes puderam ver que a mulher admirável, que sustentava em Araçatuba dezenas de enfermos, com o suor do próprio rosto, envergava singelo vestido de chitão com remendos enormes.

Hilário Silva

Ante os problemas dos outros
Emudece os lábios teus.
Em tudo sempre supomos
Mas quem sabe é sempre Deus.

Casimiro Cunha

Haja o que houver no caminho,
Não pense mal de ninguém.
Cada qual vê o vizinho,
Conforme os olhos que tem.

Gastão de Castro

Filhos, a estrada real para Deus chama-se caridade.

José Horta

31 Da maledicência
A meada

A conversação entre as duas jovens senhoras se desenvolvia no ônibus.
— Você não pode imaginar o meu amor por ele...
— Não posso concordar com você.
— Decerto que não me entende.
— Mas, Dulce, você chega a querer o Dionísio, tanto quanto ao marido?
— Não tanto, mas não consigo passar sem os dois.
— Meu Deus! Isso é coisa de casal sem filhos!...
— É possível...
— Você não acha isso estranho, inadmissível?
— Acho natural.

— Noto você demasiadamente apegada, não é justo...
— Sei que você não me compreende...
— Simplesmente não concordo.
— Mas Dionísio...
— Isso é uma psicose...

Dona Dulce e a amiga, no entanto, ignoravam que dona Lequinha, vizinha de ambas, sentara-se perto e estava de ouvido atento, sem perder palavra.

De parada em parada, cada uma volveu ao lar suburbano, mas dona Lequinha, ao chegar em casa, começou a fantasiar... Bem que notara dona Dulce acompanhada por um moço ao tomar o elétrico, aliás, pessoa de cativante presença. Recordava-lhe as palavras derradeiras: "vá tranquila, amanhã telefonarei...".

Cabeça quente, vasculhando novidades no ar, aguardou o esposo, colega de serviço do marido de dona Dulce, e tão logo à mesa, a sós com ele para o jantar, surgiu novo diálogo:

— Você não imagina o que vi hoje...
— Diga, mulher...
— Dona Dulce, calcule você!... Dona Dulce, que sempre nos pareceu uma santa, está de aventuras...
— O quê?...
— Vi com meus olhos... Um rapagão a seguia mostrando gestos apaixonados e, por fim, no ônibus, ela própria se confessou a dona Cecília... Chegou a dizer que não consegue viver sem o marido e sem o outro... Uma calamidade!...
— Ah! mas isso não fica assim, não! Júlio é meu colega e Júlio vai saber!...

A conversa transitou através de comentários escusos e, no dia imediato, pela manhã, na oficina, o amigo ouve do amigo o desabafo em tom sigiloso:

— Júlio, você me entende... somos companheiros e não posso enganá-lo... O que vou dizer representa um sacrifício para mim, mas falo para seu bem... Seu nome é limpo demais para ser desrespeitado, como estou vendo... Não posso ficar calado por mais tempo... Sua mulher...

E o esposo escutou a denúncia, longamente cochichada, qual se lhe enterrassem afiada lâmina no peito.

Agradeceu, pálido...

Em seguida, pediu licença ao chefe para ir a casa, alegando um pretexto qualquer. No fundo, porém, ansiava por um entendimento com a esposa, aconselhá-la, saber o que havia de certo.

Deixou o serviço, no rumo do lar e, aí chegando, penetrou a sala, agoniado...

Estacou, de improviso.

A companheira falava, despreocupadamente, ao telefone, no quarto de dormir: "Ah! sim!...", "Não há problema", "Hoje mesmo." "Às três horas...", "Meu marido não pode saber..."

Júlio retrocedeu, à maneira de cão espantado. Sob enorme excitação, tornou à rua. Logo após, notificou na oficina que se achava doente e pretendia medicar-se. Retornou a casa e tentou o almoço, em companhia da mulher que, em vão, procurou fazê-lo sorrir.

Acabrunhado, voltou a perambular pelas vias públicas e, poucos minutos depois das três da tarde, entrou sutilmente no lar... Aflito, mentalmente descontrolado, entreabriu devagarinho a porta do quarto e viu, agora positivamente aterrado, um rapaz em mangas de camisa, a inclinar-se sobre o seu próprio leito. De imaginação envenenada, concebeu a pior interpretação...

O pobre operário recuou em delírio e, à noite, foi encontrado morto num pequeno galpão dos fundos. Enforcara-se em desespero...

Só então, ao choro de dona Dulce, o mexerico foi destrinçado.

Dionísio era apenas o belo gatinho angorá que a desolada senhora criava com estimação imensa; o moço que a seguira até o ônibus era o veterinário, a cujos cuidados profissionais confiara ela o animal doente; o telefonema era baseado na encomenda que dona Dulce fizera de um colchão de molas, ao gosto moderno, para uma afetuosa surpresa ao marido, e o rapaz que se achava no aposento íntimo do casal era, nem mais nem menos, o empregado da casa de móveis que viera ajustar o colchão referido ao leito de grandes proporções.

A tragédia, porém, estava consumada e dona Lequinha, diante do suicida exposto à visitação, comentou, baixinho, para a amiga de lado:

— Que homem precipitado!... Morrer por uma bobagem! A gente fala certas coisas, só por falar!...

IRMÃO X

※

Do mal que se pensa e diz,
Cala as notícias que levas.
Conversação infeliz
É pasto à força das trevas.

LULU PAROLA

※

Olhar de alguém, quando é bom,
Além da sombra se apruma,
Vê serviço em qualquer parte,
Não vê mal em parte alguma.

AUGUSTO DE OLIVEIRA

※

Não basta que sua boca esteja perfumada. É imprescindível que permaneça incapaz de ferir.

ANDRÉ LUIZ

32 Da ociosidade
Lenda simbólica

Existe no folclore de várias nações do mundo antiga lenda que exprime comumente a verdade de nossa vida.

Certo homem que pervagava, infeliz, padecendo intempérie e solidão, encontrou valiosa pedra em que se refugiou, encantado.

À maneira de concha em posição vertical, o minúsculo penhasco protegia-o contra as bagas de chuva, ofertando-lhe, ao mesmo tempo, o colo rijo sobre o qual vasta porção de folhas secas lhe propiciava adequado ninho.

O atormentado viajor agarrou-se, contente, a semelhante habitação e, longe de consagrar-se ao trabalho honesto para renová-la e engrandecê-la, confiou-se à pedintaria.

Além, jornadeavam companheiros de humanidade em provações mais aflitivas que as dele; contudo, acreditava-se o mais infortunado de todos os seres e preferia examiná-los através da inveja e da irritação.

Adiante, sorria a gleba luxuriosa, convidando-o à sementeira produtiva; no entanto, ocultava as mãos nos andrajos que lhe cobriam a pele, alongando-as simplesmente para esmolar.

Na imensidão do céu, cada manhã, surgia o Sol, como glorioso ministro da Luz divina, exortando-o ao labor digno, mas o desditoso admitia-se incapacitado e enfermo de tal sorte, que não se atrevia a deixar a pedra protetora.

Ouvia de lábios benevolentes incessantes apelos à própria renovação, a fim de exercitar-se na prática do bem, a favor de si mesmo, mas, extremamente cristalizado na ociosidade e no desalento, replicava com evasivas, definindo-se como sofredor irremediável, vomitando queixas ou disparando condenações.

Não podia trabalhar por faltarem-lhe recursos, não estudava por fugir-lhe o dinheiro, não ajudava de modo algum a ninguém por ser pobre até à miserabilidade completa, dizia entre sucessivas lamentações.

Rogava pão, suplicava remédio, mendigava socorro de todo gênero, acusando o destino e insultando o próximo...

Por mais de meio século demorou-se na pedra muda e hospitaleira, até que a morte lhe visitou os farrapos, arrebatando-o da carne às surpresas do seu reino.

Foi então que mãos operosas removeram o enorme calhau para que a higiene retornasse à paisagem, encontrando sob a pequena rocha granítica um imenso tesouro de moedas e joias, suscetível de assegurar a evolução e o conforto de grande comunidade.

O devoto da inércia experimentara desolação e necessidade, por toda a existência, sobre um leito de inimaginável riqueza.

Assim somos quase todos nós, durante a reencarnação.

Almas famintas de progresso e acrisolamento, colamo-nos ao grabato físico para a aquisição de conhecimento e virtude, experiência e sublimação, mas, muito longe de entender a nossa divina oportunidade, desertamos da luta e viajamos no mundo à feição de mendigos caprichosos e descontentes, albergando amarguras e lágrimas, no culto disfarçado da rebeldia.

E, olvidando nossos braços que podem agir para o bem, estendemo-los não para dar e sim para recolher, pedindo, suplicando, retendo, reclamando e exigindo, até que chega o momento em que a morte nos faz conhecer o tesouro que desprezamos.

Se a lenda que repetimos pode merecer-te atenção, aproveita o aconchego do corpo a que te acolhes, entregando-te à construção do bem por amor ao bem, na certeza de que a tua passagem pela Terra vale por generosa bolsa de estudo, e de que amanhã regressarás para o ajuste de contas em tua esfera de origem.

IRMÃO X

Deus é Pai, mas, em verdade,
No amor de Pai que não muda,
Se garante vida a todos,
Só ajuda a quem se ajuda.

ORMANDO CANDELÁRIA

Não é a erva daninha
Que mata o grão promissor,
Mas a triste negligência
Que mora no lavrador.

CASIMIRO CUNHA

A enxada por muitos anos viveu feliz, honrada pelos trabalhadores que a manejavam, mas sentiu-se cansada e aposentou-se num canto; surpreendeu-a, então, a ferrugem, que a devorou em poucos meses.

MARIANO JOSÉ PEREIRA DA FONSECA

33 Da intolerância
O ferreiro intransigente

Comentávamos o problema da compaixão, quando se abeirou de nós antigo orientador e narrou, bem-humorado:

— Conheci um caso interessante na Idade Média. Em pequenina aldeia do Velho Mundo, que os séculos já transformaram, jovem ferreiro apaixonou-se pelo rigor da justiça. Integrando certa facção política, considerava todas as pessoas que lhe não esposassem os pontos de vista por inimigos a combater. Atrabiliário e sectarista, imaginava os mais difíceis processos de perseguição aos adversários. A tolerância representava para ele grave delito. Se alguém não rezasse por sua cartilha, ficava assinalado a ponto escuro. Disposto a contendas, embora a posição humilde que desfrutava, sabia complicar a situação dos desafetos, urdindo intrigas e ciladas contra eles. Assim é que, certa feita, procurou o juiz que regia a comuna com benevolência e equidade e propôs-lhe a reconstrução do cárcere. A enxovia desmoronava-se. Qualquer malfeitor provocava facilmente a evasão. As grades frágeis cediam ao assalto de qualquer um. Impossível o trabalho da detenção. Era necessário sustar o insulto à polícia. Oferecia-se, desse modo, para sanar o problema. Daria novo aspecto ao cubículo. Prisão que fosse prisão.

O magistrado, velho experiente e bondoso, observou:

— Meu filho, a justiça deve ser exercida com amor para que se não converta em crueldade, porque lá vem um dia em que precisamos ser justiçados por nossa vez.

O moço, porém, insistiu. A cadeia menosprezada não merecia respeito.

Tanto reclamou que atingiu o objetivo a que se propunha.

Recebendo a concessão para reformar o cárcere, esmerou-se quanto pôde. Deu nova feição às grades. Criou um sistema de cadeados, pelo qual era impossível a escapatória. E no centro do acanhado recinto levantou pesada coluna de ferro, com algemas laboriosamente trabalhadas, impedindo a movimentação de quem fosse jungido a semelhante pelourinho.

A ideia foi bem-sucedida. O serviço revelou-se tão eficiente que o jovem artífice foi procurado por autoridades de outros recantos e larga prosperidade abriu-lhe as portas. A novidade ofereceu-lhe fama e fortuna.

Durante vinte anos, coadjuvado por operários diversos, o nosso ambicioso amigo fabricou prisões para numerosas cidades do seu tempo. Senhor de vasto patrimônio material, transferiu residência do vilarejo provinciano para grande metrópole e, certa noite, supondo defender-se, cometeu leve falta que inimigos gratuitos se incumbiram de solenizar.

O antigo ferreiro foi preso, de imediato. Internado, mentalizou a ajuda de companheiros que o auxiliassem na fuga, mas, assombrado, reconheceu, pela marca dos ferros, que fora trancafiado num cárcere de sua própria fabricação, sofrendo rigorosa pena que, começando por acabrunhá-lo, acabou por infligir-lhe a morte.

Terminada a história rápida, fixou-nos de maneira expressiva e rematou:

— Somente a compaixão pode salvar-nos, soerguendo-nos do abismo de nossas próprias faltas. Qualquer punição extremada que receitarmos para os outros será como a prisão do ferreiro intransigente. Os laços que armarmos contra o próximo serão inevitável flagelo para nós mesmos.

Logo após, sem dar-nos tempo para qualquer indagação, sorriu com serenidade e seguiu adiante.

NEIO LÚCIO

*Não zombes do irmão que sofre
Amargurado e ferido;
Entre as sombras do amanhã,
Teu dia é desconhecido.*

CASIMIRO CUNHA

*O homem somente é forte,
Para a lavoura do bem,
Quando por si reconhece
Toda a fraqueza que tem.*

ARTUR CANDAL

Não é o amigo que marcha em paz, na senda do bem, quem solicita seu cuidado insistente. É aquele que se perdeu no cipoal da discórdia e da incompreensão, sem forças para tornar ao caminho reto.

ANDRÉ LUIZ

34 Do dinheiro
Telefonema inesperado

Laurindo Matoso sentia-se no auge da exaltação doutrinária.

Iniciava os comentários de uma trintena de noites, que seriam consagrados a estudos sobre o dinheiro à face do Cristianismo, e exprimia-se severo.

Lembrava a história dos grandes sovinas, relacionava os desastres morais surgidos da finança inconveniente.

— O ouro, meus irmãos — pontificava, solene —, é o pai de quase todas as calamidades da Terra. Abre a vala da prostituição, gera a delinquência, incentiva a loucura e corrompe o caráter... Onde apareça a miséria, procurai, por perto, a fortuna. É preciso temer a posse e extinguir a avareza. O dinheiro destrói o amor e a felicidade, o dinheiro enche cadeias e manicômios...

A assembleia escutava, escutava...

Entretanto, o exame do assunto permitia o debate fraterno, e, porque muitos companheiros de raciocínio acordado não podiam esposar plenamente as teses ouvidas, Matoso viu-se para logo encurralado em perguntas diretas.

— Mas você não considera o dinheiro como recurso da vida? — ponderava Montes, o irmão mais velho da turma. — A direção é que vale. Água governada faz a represa, a represa sustenta a usina, a usina cria trabalho e o trabalho é a felicidade de muita gente.

— Ora, ora! — gritava Laurindo, esmurrando a mesa — lá vem você, o filósofo espírita.

— Como assim? — sorriu o ancião prestimoso.

E Laurindo:

— Qualquer dinheiro desnecessário a quem o possua é porta aberta à demência.

— Ouça, Matoso — interferiu Dona Clélia —, imagine-se você mesmo, num catre de provação, recolhendo o amparo amoedado de algum amigo. É impossível que você amaldiçoe o auxílio espontâneo...

— A assistência é tarefa para governos — tergiversou o orador.

— Sim — concordou a interlocutora —, mas, por vezes, a representação dos governos, embora respeitável, custa muito a chegar.

— E o dinheiro generoso que pode ajudar nos casos de família? — acentuou dona Zulma. — Naturalmente, o senhor não tem, como nos acontece, um filho acusado por um desfalque no banco. A quantia que nos foi emprestada, para salvar-lhe o nome, funcionou como bênção.

— Nada disso — protestou Laurindo, excitado. — Não houvesse o dinheiro e não surgiriam viciações. A praga dourada é que faz os defraudadores. Estudei a questão quanto pude. Em todas as civilizações, o dinheiro é responsável por mais da metade dos crimes...

A preleção seguia animada, com apartes ardentes, quando o telefone chamou Laurindo em pessoa.

O aviso procedia do recinto doméstico e, por isso, o monitor não conseguiu esquivar-se.

Ao telefone processou-se o seguinte diálogo:

— É você, Laurindo?

— Sim, sim.

— Olhe — informava a esposa distante —, um portador chegou agora...

— Que há? — inquiriu Matoso, austero e preocupado.

— Meu avô morreu e deixou-nos todos os bens... A fazenda, os depósitos, as apólices... Venha!... Precisamos combinar tudo. É muito problema por decidir, mas creio que a herança nos libertará de todo cuidado material para o resto da vida...

— Bem, filha — e a voz do Matoso adocicou-se de inesperado —, vou já...

Logo após, algo atarantado, pediu desculpas, alegando que precisava sair.

— E o final da palestra? — disse Osvaldo Moura, um amigo que acompanhava as instruções, empunhando notas.

— Temos o mês inteiro para discutir o temário — explicou o orador. — O dinheiro é o flagelo dos homens. É imperioso guerreá-lo sem tréguas. Continuarei amanhã...

Os dias se passaram e, por mais solicitado ao regresso, Laurindo nunca mais voltou...

Irmão X

*Na morte, convém saber,
É novo câmbio a seguir.
Quem guardou, toca a perder,
Quem deu, vem a possuir.*

Américo Falcão

*Caridade se percebe
No câmbio melhor que há:
Quem dá tudo o que recebe
Mais recebe do que dá.*

Marcelo Gama

Respeita a moeda capaz de fazer o caminho das boas obras, mas não esperes pelo dinheiro a fim de ajudar.

Hoje mesmo, em casa, alguém te pede entendimento e carinho e, além do reduto doméstico, legiões de pessoas aguardam-te os gestos de fraternidade e compreensão.

Recorda que a fonte da caridade tem nascedouro em ti mesmo e não descreias da possibilidade de auxiliar.

MEIMEI

35 Do culto cristão no lar
Jesus mandou alguém...

    O culto do Evangelho no lar havia terminado às sete da noite, e João Pires, com a esposa, filhos e netos, em torno da mesa, esperava o café que a família saboreava depois das orações.

    Ana Maria, pequena de sete anos, reclamou:

    — Vovô, não sei por que Jesus não vem. Sempre vovô chama por ele nas preces: "Vem Jesus! Vem Jesus!" e Jesus nunca veio...

    O avô riu-se, bondoso, e explicou:

    — Filhinha, nós, os espíritas, não podemos pensar assim... O Mestre vive presente conosco em suas lições. E cada pessoa do caminho, principalmente os mais necessitados, são representantes dele, junto de nós... Um doente é uma pessoa que o Senhor nos manda socorrer, um faminto é alguém que ele nos recomenda servir...

D. Maria, a dona da casa, nesse momento repartia o café, e, antes que o vovô terminasse, batem à porta.

Ana Maria e Jorge Lucas, irmão mais crescido, correm para atender.

Daí a instantes, voltam, enquanto o menino grita:

— Ninguém não! É só um mendigo pedindo esmola.

— Que é isso? — exclama a senhora Pires, instintivamente — a estas horas?

Ana Maria, porém, de olhos arregalados, aproxima-se do avô e informa, encantada:

— Vovô, é um homem! Ele está pedindo em nome de Jesus. É preciso abrir a porta. Acho que Jesus ouviu a nossa conversa e mandou alguém por ele...

A família comoveu-se.

O chefe da casa acompanhou a netinha e, depois de alguns instantes, voltaram, trazendo o desconhecido.

Era um velho, aparentando mais de oitenta anos de idade, de roupa em frangalhos e grande barba ao desalinho, apoiando-se em pobre cajado.

Ante a surpresa de todos, com ar de triunfo, a menina segurou-lhe a mão direita e perguntou:

— O senhor conhece Jesus?

Trêmulo e acanhado, o ancião respondeu:

— Como não, minha filha? Ele morreu na cruz por nós todos!

E Ana Maria para o avô:

— Eu não falei, vovô?

O grupo entendeu o ensinamento e o recém-chegado foi conduzido a uma poltrona. Alimentou-se. Recebeu tudo quanto precisava e João Pires anotou-lhe o nome e endereço para visitá-lo no dia seguinte.

Antes da despedida, a pequena dormiu feliz, e, após abraçar o inesperado visitante, no "até amanhã", o chefe da família, enxugando os olhos, falou, sensibilizado:

— Graças a Deus, tivemos hoje um culto mais completo.

HILÁRIO SILVA

Caridade, onde estiveres
Lenindo as dores de alguém,
Onde sirvas, onde fales,
Jesus estará também.

AUTA DE SOUZA

Vi hoje a felicidade...
Ela sorria a caminho,
Na mãe pobre que encontrara
Um pão para o seu filhinho.

ANTÔNIO DE CASTRO

Não basta confiar em Jesus; é necessário que Jesus também possa confiar em nós.

IRMÃO X

36 Do dever
A alegria no dever

Quando Jesus estava entre nós, recebeu certo dia a visita do apóstolo João, muito jovem ainda, que lhe disse estar incumbido, por seu pai Zebedeu, de fazer uma viagem a povoado próximo.

Era, porém, um dia de passeio ao monte e o moço achava-se muito triste.

O divino Amigo, contudo, exortou-o a cumprir o dever.

Seu pai precisava do serviço e não seria justo prejudicá-lo.

João ouviu o conselho e não vacilou.

O serviço exigiu-lhe quatro dias, mas foi realizado com êxito.

Os interesses do lar foram beneficiados, mas Zebedeu, o honesto e operoso ancião, afligiu-se muito porque o rapaz regressara de semblante contrafeito.

O Mestre notou-lhe o semblante sombrio e, convidando-o a entendimento particular, observou:

— João, cumpriste o prometido?

— Sim — respondeu o Apóstolo.

— Atendeste à vontade de Deus, auxiliando teu pai?

— Sim — tornou o jovem, visivelmente contrariado —, acredito haver efetuado todas as minhas obrigações.

Jesus, entretanto, acentuou, sorrindo calmo:

— Então, ainda falta um dever a cumprir — o dever de permaneceres alegre por haver correspondido à confiança do Céu.

O companheiro da Boa-Nova meditou sobre a lição e fez-se contente.

A tranquilidade voltou ao coração e à fisionomia do velho Zebedeu, e João compreendeu que, no cumprimento da vontade de Deus, não podemos nem devemos entristecer ninguém.

Meimei

Os homens fazem os votos
Usando verbo incomum;
Deus prova pelo serviço
O valor de cada um.

Benedito Candelária Irmão

Põe mais serviço na estrada;
Toda amargura que vem
Respeita a vida ocupada
No santo labor do bem.

Souza Lobo

O trabalho ensina a servir.

André Luiz

37 Da existência de Deus
Existência de Deus

    Conta-se que um velho árabe analfabeto orava com tanto fervor e com tanto carinho, cada noite, que, certa vez, o rico chefe de grande caravana chamou-o à sua presença e lhe perguntou:

— Por que oras com tanta fé? Como sabes que Deus existe, quando nem ao menos sabes ler?

O crente fiel respondeu:

— Grande senhor, conheço a existência de nosso Pai Celeste pelos sinais dele.

— Como assim? — indagou o chefe, admirado.

O servo humilde explicou-se:

— Quando o senhor recebe uma carta de pessoa ausente, como reconhece quem a escreveu?

— Pela letra.

— Quando o senhor recebe uma joia, como é que se informa quanto ao autor dela?

— Pela marca do ourives.

O empregado sorriu e acrescentou:

— Quando ouve passos de animais, ao redor da tenda, como sabe, depois, se foi um carneiro, um cavalo ou um boi?

— Pelos rastros — respondeu o chefe, surpreendido.

Então, o velho crente convidou-o para fora da barraca e, mostrando-lhe o céu, onde a Lua brilhava, cercada por multidões de estrelas, exclamou, respeitoso:

— Senhor, aqueles sinais, lá em cima, não podem ser dos homens!

Nesse momento, o orgulhoso caravaneiro, de olhos lacrimosos, ajoelhou-se na areia e começou a orar também.

MEIMEI

Quem perde a fé no futuro
Vive de sonhos plebeus...
A própria flor no monturo
Lembra um sorriso de Deus.

SOARES BULCÃO

A propaganda do bem
Deve alcançar apogeus.
O Sol brilhando no céu
É propaganda de Deus.

JOVINO GUEDES

Quando quiseres indagar acerca dos mistérios do Céu,
sonda o segredo divino que palpita na flor.

MARIANO JOSÉ PEREIRA DA FONSECA

38 Da morte
O temor da morte

— Doutor, a sua competência é a nossa esperança. O senhor já operou Paulina por duas vezes...

Narciso Meireles pedia o concurso do Dr. Sales Neto, distinto médico espírita, para a mulher que experimentava parto difícil, em vilarejo distante.

— Por que se deixaram ficar assim, tão longe? — disse o médico, procurando esquivar-se.

— A crise apareceu de surpresa... O senhor prefere o avião? Dez minutos apenas.

— Nada disso. Perdi dois amigos de uma só vez na semana passada. Nada de voo...

— Um carro?

— A estrada é péssima. Não soube do desastre havido anteontem?
— Um cavalo, doutor? Arranjo-lhe um cavalo...
— Era o que faltava! Não posso expor-me assim...
— Que sugere? — roga o marido desapontado.
— Se quiserem — disse o médico —, tragam a parturiente aqui, como julgarem melhor... De minha parte, não me arrisco...

Em face da evidente má vontade do facultativo, o esposo aflito aquiesceu e partiu a galope, em busca do teco-teco.

No outro dia, porém, quando a senhora Meireles chegou, abatida, na expectativa da intervenção, a residência do operador estava cheia de gente.

O Dr. Sales Neto, naquela noite, havia morrido, no próprio leito, em consequência de uma trombose...

HILÁRIO SILVA

*Todo Espírito encarnado
É um viajor em caminho...
Sonha, sofre, luta e segue,
Morrendo devagarinho...*

JOVINO GUEDES

*A morte não provocada
É bênção que Deus envia,
Lembrando noite estrelada
Quando chega o fim do dia.*

ROBERTO CORREIA

A morte de um homem começa no instante em que ele desiste de aprender.

MARIANO JOSÉ PEREIRA DA FONSECA

39 Da reencarnação
No reino das borboletas

À beira de um charco, formosa borboleta, fulgurando ao crepúsculo, pousou sobre um ninho de larvas e falou para as pequeninas lagartas, atônitas:

— Não temais! Sou eu... uma vossa irmã de raça!... Venho para comunicar-vos esperança. Nem sempre permanecereis coladas à erva do pântano! Tende calma, fortaleza, paciência!... Esforçai-vos por não sucumbir aos golpes da ventania que, de quando em quando, varre a paisagem. Esperai! Depois do sono que vos aguarda, acordareis com asas de puro arminho, refletindo o esplendor solar... Então, não mais vos arrastareis, presas ao solo úmido e triste. Adquirireis preciosa visão da vida! Subireis muito alto e vosso alimento será o néctar das flores... Viajareis deslumbradas, contemplando o mundo, sob novo prisma!... Observareis o sapo que nos persegue, castigado pela serpente que o destrói, e vereis a serpente que fascina o sapo, fustigada pelas armas do homem!...

Enquanto a mensageira se entregava à ligeira pausa de repouso, ouviam-se exclamações admirativas:

— Ah! não posso crer no que vejo!
— Que misteriosa e bela criatura!...
— Será uma fada milagrosa?
— Nada possui de comum conosco...

Irradiando o suave aroma do jardim em que se demorara, a linda visitante sorriu e continuou:

— Não vos confieis à incredulidade! Não sou uma fada celeste! Minhas asas são parte integrante da nova forma que a natureza vos reserva. Ontem vivia convosco; amanhã, vivereis comigo! Equilibrar-vos-eis no imenso espaço, desferindo voos sublimes à plena luz! Libertadas do chavascal, elevar-vos-eis, felizes! Conhecereis a beleza das copas floridas e o saboroso licor das pétalas perfumadas, a delícia da altura e a largueza do firmamento!...

Logo após, lançando carinhoso olhar à família alvoroçada, distendeu o corpo colorido e, volitando, graciosa, desapareceu.

Nisso chega ao ninho a lagarta mais velha do grupo, que andava ausente, e, ouvindo as entusiásticas referências das companheiras mais jovens, ordenou, irritada:

— Calem-se e escutem! Tudo isso é insensatez... Mentiras, divagações... Fujamos aos sonhos e aos desvarios. Nunca teremos asas. Ninguém deve filosofar... Somos lagartas, nada mais que lagartas. Sejamos práticas no imediatismo da própria vida. Esqueçam-se de pretensos seres alados que não existem. Desçam do delírio da imaginação para as realidades do ventre! Abandonaremos este lugar amanhã. Encontrei a horta que procurávamos... Será nossa propriedade. Nossa fortuna está no pé de couve que passaremos a habitar. Devorar-lhe-emos todas as folhas... Precisamos simplesmente comer, porque, depois, será o sono, a morte e o nada... nada mais...

Calaram-se as larvas, desencantadas.

Caiu a noite e, em meio à sombra, a lagarta-chefe adormeceu, sem despertar no outro dia. Estava ela completamente imóvel.

As irmãs, preocupadas, observavam curiosas o fenômeno e puseram-se na expectativa.

Findo algum tempo, com infinito assombro, repararam que a orgulhosa e descrente orientadora se metamorfoseara numa veludosa falena, voejante e leve...

Anotando a lição breve e simples, cremos que há muitos pontos de contato entre o reino dos homens e o reino das borboletas.

IRMÃO X

Não guardes antipatia.
Paz é luz na vida sã.
Inimigo de hoje em dia —
Parente nosso amanhã.

ÁLVARO MARTINS

Por lei celeste possuis
Aquilo em que te desdobras;
Cada pessoa na vida
Descende das próprias obras.

CHIQUITO DE MORAIS

Não se queixe, em circunstância alguma.
Lembre-se de que a vida e o tempo são concessões de Deus diretamente a você, e, acima de qualquer angústia ou provação, a vida e o tempo responderão a você com a bênção da luz ou com a experiência da sombra, como você quiser.

ANDRÉ LUIZ

40 Da renovação
O anjo, o santo e o pecador

O pecador escutava a orientação de um santo, que vivia, genuflexo, à porta de templo antigo, quando, junto aos dois, um anjo surgiu na forma de homem, travando-se breve conversação entre eles.

O anjo — Amigos, Deus seja louvado!

O santo — Louvado seja Deus!

O pecador — Louvado seja!

O anjo (Dirigindo-se ao santo) — Vejo que permaneceis em oração e animo-me a solicitar-vos apoio fraternal.

O santo — Espero o Altíssimo em adoração, dia e noite.

O anjo — Em nome dele, rogo o socorro de alguém para uma criança que agoniza num lupanar.

O santo — Não posso abeirar-me de lugares impuros...

O pecador — Sou um pobre penitente e posso ajudar-vos, senhor.

O anjo — Igualmente, agora, desencarnou infortunado homicida, entre as paredes do cárcere... Quem me emprestará mãos amigas para dar-lhe sepultura?

O santo — Tenho horror aos criminosos...

O pecador — Senhor, disponde de mim.

O anjo — Infeliz mulher embriagou-se num bar próximo. Precisamos removê-la, antes que a morte prematura lhe arrebate o tesouro da existência.

O santo — Altos princípios não me permitem respirar no clima das prostitutas...

O pecador — Dai vossas ordens, senhor!

O anjo — Não longe daqui, triste menina, abandonada pelo companheiro a quem se confiou, pretende afogar-se... É imperioso lhe estenda alguém braços fortes para que se recupere, salvando-se-lhe também o pequenino em vias de nascer.

O santo — Não me compete buscar os delinquentes senão para corrigi-los.

O pecador — Determinai, senhor, como devo fazer.

O anjo — Um irmão nosso, viciado no furto, planeja assaltar, na semana corrente, o lar de viúva indefesa... Necessitamos do concurso de quem o dissuada de semelhante propósito, aconselhando-o com amor.

O santo — Como descer ao nível de um ladrão?

O pecador — Ensinai-me como devo falar com ele.

Sem vacilar, o anjo tomou o braço do pecador prestativo e ambos se afastaram, deixando o santo em meditação, chumbado ao solo.

Enovelaram-se anos e anos na roca do tempo, que tudo altera. O átrio mostrava-se diferente. O santuário perdera o aspecto primitivo e a morte despojara o santo de seu corpo macerado por cilício e jejum, mas o crente imaculado aí se mantinha em Espírito, na postura de reverência.

Certo dia, sensibilizando mais intensamente as antenas da prece, viu que alguém descia da Altura, a estender-lhe o coração em brando sorriso.

O santo reconheceu-o.

Era o pecador, nimbado de luz.

— Que fizeste para adquirir tanta glória? — perguntou-lhe, assombrado.

O ressurgido, afagando-lhe a cabeça, afirmou simplesmente:

— Caminhei.

IRMÃO X

*Recebe sem amargura
Separação e insucesso,
Se não houvesse mudança,
Não haveria progresso.*

AUGUSTO DE OLIVEIRA

*Cultura quanto mais alta,
Mais serviço tem por dom.
Entendimento não vale
Se não pratica o que é bom.*

RICARDO JÚNIOR

Suporta o fardo de tua dor, avançando na estrada da vida heroicamente, ainda que seja um centímetro por dia; lembra-te de que, hoje, a noite maternal te enxugará o pranto com o repouso obrigatório, e de que, amanhã, o dia voltará, renovando todas as coisas.

MARIANO JOSÉ PEREIRA DA FONSECA[1]

---

[1] Os trechos antológicos alinhados no presente volume foram extraídos dos seguintes livros: *Contos e apólogos, Contos desta e doutra vida, Cartas e crônicas, Estante da vida, Agenda cristã, Alvorada cristã, Jesus no lar, Gotas de luz, A vida escreve, Almas em desfile, Pai Nosso, Falando à Terra, Pérolas do além, O Espírito da Verdade, Trovas do outro mundo* e outros, todos eles psicografados pelo médium Francisco Cândido Xavier. — **Nota do organizador espiritual.**

O que é Espiritismo?

O Espiritismo é um conjunto de princípios e leis revelados por Espíritos superiores ao educador francês Allan Kardec, que compilou o material em cinco obras que ficariam conhecidas posteriormente como a Codificação: *O livro dos espíritos, O livro dos médiuns, O evangelho segundo o espiritismo, O céu e o inferno e A gênese*.

Como uma nova ciência, o Espiritismo veio apresentar à humanidade, com provas indiscutíveis, a existência e a natureza do mundo espiritual, além de suas relações com o mundo físico. A partir dessas evidências, o mundo espiritual deixa de ser algo sobrenatural e passa a ser considerado como inesgotável força da natureza, fonte viva de inúmeros fenômenos até hoje incompreendidos e, por esse motivo, são tidos como fantasiosos e extraordinários.

Jesus Cristo ressaltou a relação entre homem e Espírito por várias vezes durante sua jornada na Terra, e talvez alguns de seus ensinamentos pareçam incompreensíveis ou sejam erroneamente interpretados por não se perceber essa associação. O Espiritismo surge então como uma chave, que esclarece e explica as palavras do Mestre.

A Doutrina Espírita revela novos e profundos conceitos sobre Deus, o universo, a humanidade, os Espíritos e as leis que regem a vida. Ela merece ser estudada, analisada e praticada todos os dias de nossa existência, pois o seu valioso conteúdo servirá de grande impulso à nossa evolução.

Literatura espírita

Em qualquer parte do mundo, é comum encontrar pessoas que se interessem por assuntos como imortalidade, comunicação com Espíritos, vida após a morte e reencarnação. A crescente popularidade desses temas pode ser avaliada com o sucesso de vários filmes, seriados, novelas e peças teatrais que incluem em seus roteiros conceitos ligados à espiritualidade e à alma.

Cada vez mais, a imprensa evidencia a literatura espírita, cujas obras impressionam até mesmo grandes veículos de comunicação devido ao seu grande número de vendas. O principal motivo pela busca dos filmes e livros do gênero é simples: o Espiritismo consegue responder, de forma clara, perguntas que pairam sobre a humanidade desde o princípio dos tempos. Quem somos nós? De onde viemos? Para onde vamos?

A literatura espírita apresenta argumentos fundamentados na razão, que acabam atraindo leitores de todas as idades. Os textos são trabalhados com afinco, apresentam boas histórias e informações coerentes, pois se baseiam em fatos reais.

Os ensinamentos espíritas trazem a mensagem consoladora de que existe vida após a morte, e essa é uma das melhores notícias que podemos receber quando temos entes queridos que já não habitam mais a Terra. As conquistas e os aprendizados adquiridos em vida sempre farão parte do nosso futuro e prosseguirão de forma ininterrupta por toda a jornada pessoal de cada um.

Divulgar o Espiritismo por meio da literatura é a principal missão da FEB, que, há mais de cem anos, seleciona conteúdos doutrinários de qualidade para espalhar a palavra e o ideal do Cristo por todo o mundo, rumo ao caminho da felicidade e plenitude.

O livro espírita

Cada livro edificante é porta libertadora.

O livro espírita, entretanto, emancipa a alma nos fundamentos da vida.

O livro científico livra da incultura; o livro espírita livra da crueldade, para que os louros intelectuais não se desregrem na delinquência.

O livro filosófico livra do preconceito; o livro espírita livra da divagação delirante, a fim de que a elucidação não se converta em palavras inúteis.

O livro piedoso livra do desespero; o livro espírita livra da superstição, para que a fé não se abastarde em fanatismo.

O livro jurídico livra da injustiça; o livro espírita livra da parcialidade, a fim de que o direito não se faça instrumento da opressão.

O livro técnico livra da insipiência; o livro espírita livra da vaidade, para que a especialização não seja manejada em prejuízo dos outros.

O livro de agricultura livra do primitivismo; o livro espírita livra da ambição desvairada, a fim de que o trabalho da gleba não se envileça.

O livro de regras sociais livra da rudeza de trato; o livro espírita livra da irresponsabilidade que, muitas vezes, transfigura o lar em atormentado reduto de sofrimento.

O livro de consolo livra da aflição; o livro espírita livra do êxtase inerte, para que o reconforto não se acomode em preguiça.

O livro de informações livra do atraso; o livro espírita livra do tempo perdido, a fim de que a hora vazia não nos arraste à queda em dívidas escabrosas.

Amparemos o livro respeitável, que é luz de hoje; no entanto, auxiliemos e divulguemos, quanto nos seja possível, o livro espírita, que é luz de hoje, amanhã e sempre.

O livro nobre livra da ignorância, mas o livro espírita livra da ignorância e livra do mal.

EMMANUEL

Página recebida pelo médium Francisco Cândido Xavier, em reunião pública da Comunhão Espírita Cristã, na noite de 25/2/1963, em Uberaba (MG), e transcrita em *Reformador*, abr. 1963, p. 9.

Codificação
Allan Kardec

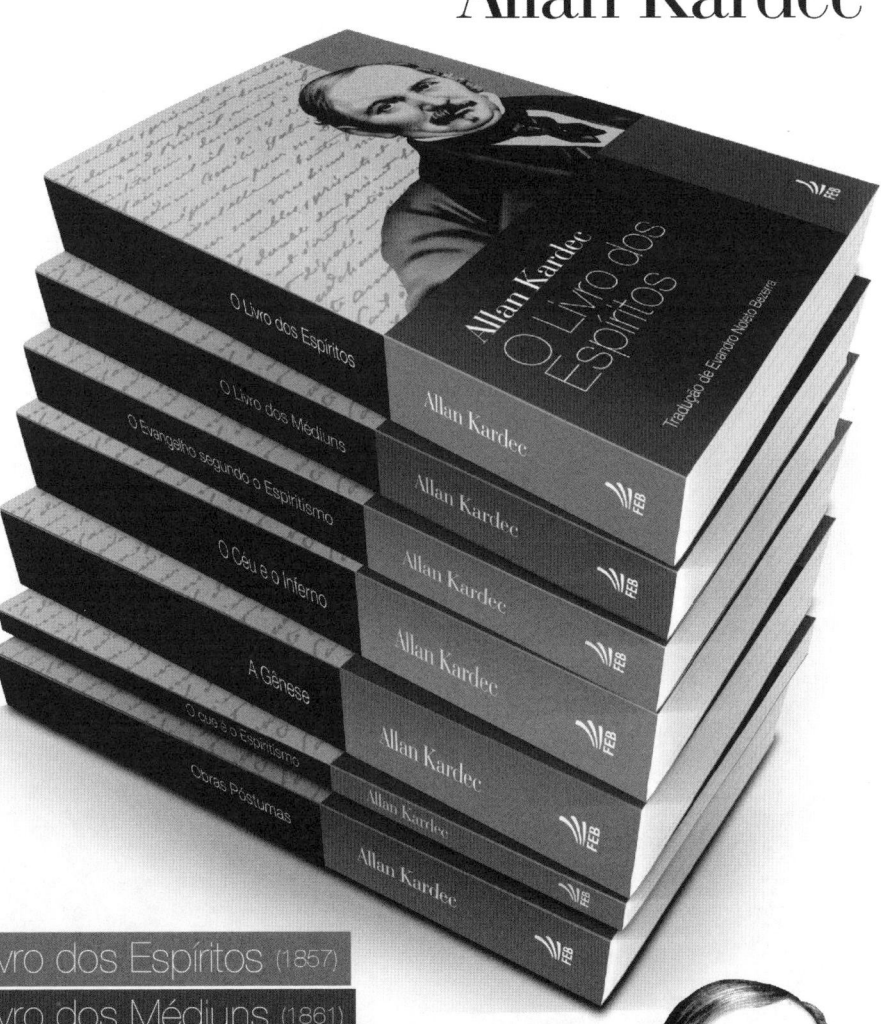

FEB

- O Livro dos Espíritos (1857)
- O Livro dos Médiuns (1861)
- O Evangelho segundo o Espiritismo (1864)
- O Céu e o Inferno (1865)
- A Gênese (1868)
- O que é o Espiritismo (1859)
- Obras Póstumas (1890)

COLEÇÃO
ESTUDANDO A
CODIFICAÇÃO

Uma das mais belas coleções da literatura espírita, composta pelos livros *Religião dos espíritos*, *Seara dos médiuns*, *O Espírito da Verdade*, *Justiça divina* e *Estude e viva*, apresenta um estudo aprofundado das obras da Codificação Espírita.

FEB

Sementes do *Evangelho*

Os comentários de Emmanuel sobre os versículos do Novo Testamento são como frutos amadurecidos da grande Árvore do Evangelho.

Desses frutos, recolhemos algumas sementes como frases enfeixadas nesta obra singela, organizada em 5 volumes.

O valor de cada uma está em seu potencial de despertar o Amor, a Caridade, a Fé, a Paz e o Trabalho.

Recolhê-las no solo do coração será o primeiro passo para o crescimento dessas sementes, não importa o quão pequenas sejam.

Conselho Editorial:
Jorge Godinho Barreto Nery – Presidente
Geraldo Campetti Sobrinho – Coord. Editorial
Edna Maria Fabro
Evandro Noleto Bezerra
Maria de Lourdes Pereira de Oliveira
Marta Antunes de Oliveira de Moura
Miriam Lucia Herrera Masotti Dusi

Produção Editorial e Revisão:
Rosiane Dias Rodrigues

Capa:
Ingrid Saori Furuta

Projeto Gráfico e Diagramação:
Bruno Reis

Foto de Capa:
http://www.istockphoto.com/ Roob

Normalização Técnica:
Biblioteca de Obras Raras e Documentos Patrimoniais do Livro

Esta edição foi impressa pela Gráfica arvato Bertelsmann, Osasco, SP, com tiragem de 2 mil exemplares, todos em formato fechado de 160x230 mm e com mancha de 120x184 mm. Os papéis utilizados foram o Avena Book 70 g/m² para o miolo e o Cartão Ningbo Star C2S 300 g/m² para a capa. O texto principal foi composto em fonte Minion 12,5/15 e os títulos em Minion 26/28. Impresso no Brasil. *Presita en Brazilo.*